AF294082

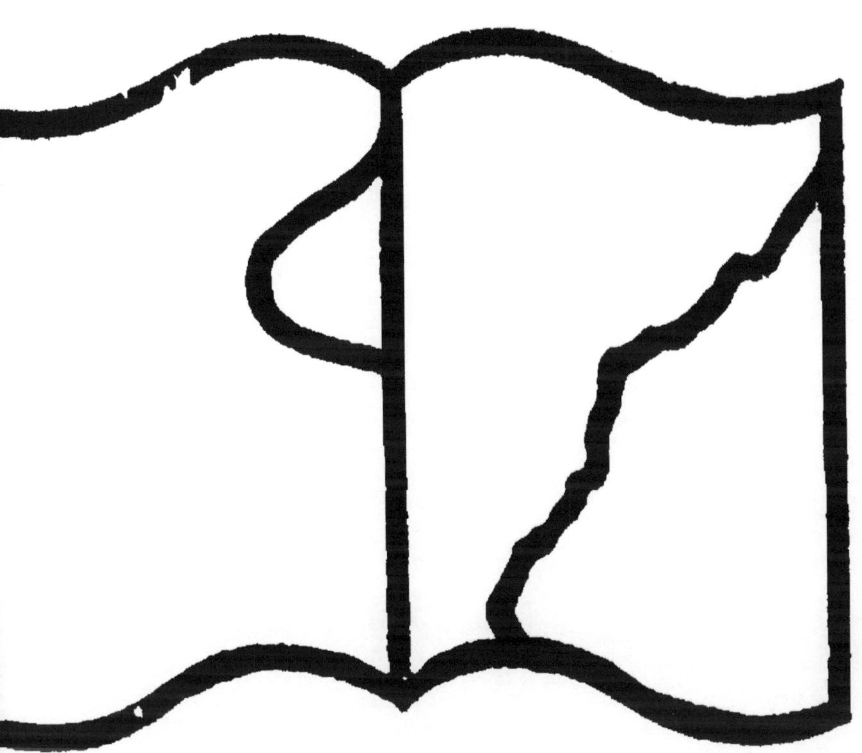

FACULTÉ DE DROIT DE PARIS

DE LA CONDITION DU MINEUR DE 25 ANS EN DROIT ROMAIN

DE LA CAPACITÉ DU MINEUR ÉMANCIPÉ EN DROIT FRANÇAIS

THÈSE

POUR

LE DOCTORAT

SOUTENUE LE 26 FÉVRIER 1874

PAR

Paul SALATS

Avocat à la Cour d'Appel de Paris

PARIS

IMPRIMERIE ET LIBRAIRIE JULES BOYER ET Cie

11, RUE NEUVE SAINT-AUGUSTIN, 11

1874

THÈSE
POUR LE DOCTORAT

De la condition du mineur de 25 ans
en droit Romain

De la capacité du mineur émancipé
en droit Français

L'acte public sur les matières ci-dessus sera soutenu
Le 26 Février 1874, à 2 heures

PAR

Paul-André SALATS,

Avocat a la Cour d'appel

Président : M. BUFNOIR, Professeur

SUFFRAGANTS :
MM. VALETTE,
DEMANTE,
GÉRARDIN,
GARSONNET, AGRÉGÉ
} PROFESSEURS

PARIS

IMPRIMERIE ET LIBRAIRIE JULES BOYER ET Cⁱᵉ
11, RUE NEUVE-SAINT-AUGUSTIN, 11

1874

A MA GRAND'MERE

DROIT ROMAIN

CONDITION DU MINEUR DE 25 ANS

INTRODUCTION.

A l'origine, la population de Rome se divisait, au point de vue de la capacité, en deux classes bien distinctes : 1° les personnes capables, 2° les personnes tout à fait incapables ; la première se composait de tous les hommes qui avaient atteint l'âge de puberté ; la deuxième comprenait des femmes, qui étaient dans un état de dépendance perpétuelle, les impubères, qui étaient en tutelle, et, en dernier lieu, des fous et des prodigues que la loi des XII Tables plaçait sous la curatelle de leurs agnats (1).

____

(1) On s'est demandé si les dispositions relatives aux fous et aux prodigues avaient été établies par une seule loi ou par des lois différentes. D. Gothofred. pense que toutes deux

Mais insensiblement ce système tout à fait élémentaire devint insuffisant, et on comprit en même temps que pour régler la capacité des personnes, la force physique n'était pas seule à considérer et que certains individus, ceux par exemple qui venaient d'atteindre l'âge de puberté, quoique ayant acquis un développement corporel suffisant, n'avaient pas l'intelligence assez formée pour faire tous les actes de la vie civile, qu'elles n'avaient pas assez d'expérience pour défendre leur patrimoine contre les gens de mauvaise foi, pas assez d'énergie pour résister à l'entraînement de leurs passions.

Alors fut proposée une certaine loi Plætoria dont

se trouvaient dans le même passage de la loi des XII Tables qu'il a ainsi restitué: *si furiosus aut prodigus existat aut ei custos nec escit, adgnatorum gentilium que in eo pecuniave ejus potestas esto.* D'autres auteurs ont pensé que ces dispositions relatives aux fous et aux prodigues existaient déjà avant les décemvirs, dans les *leges regiæ,* bien qu'on n'en retrouve aucune trace dans les fragments de ces lois qui nous ont été conservés. A l'appui de cette opinion on peut citer un passage d'Ulpien, [L. 1 princip. D. *de curat fur.* (27. 10)]. *Prodigo interdicitur bonorum suorum administratio, quod moribus quidem ab initio introductum est.* Ce texte d'Ulpien peut toutefois être interprété autrement; certains auteurs, en effet, pensent que les mots *ab initio* se réfèrent non pas, aux temps antérieurs à la loi des XII Tables, mais à une époque postérieure, et le texte en question voudrait dire que la loi des XII Tables nommait un curateur aux fous, et que dès l'origine la jurisprudence étendit cette disposition aux prodigues.

nous essaierons plus tard d'expliquer les dispositions. Cette loi prononçait différentes peines contre ceux qui avaient abusé de l'inexpérience d'un pubère mineur de 25 ans. Ceux qui voulaient traiter avec un mineur de 25 ans, devaient lui faire nommer un curateur, ils échappaient par ce moyen aux dangers que leur faisait courir la loi Plætoria.

Le préteur décida, à une époque qu'il est difficile de déterminer, qu'il se réservait d'examiner tous les actes faits par des mineurs de 25 ans, et que dans le cas où il découvrirait un lésion, il leur accorderait *l'in integrum restitutio*, c'est-à-dire qu'il les remettrait fictivement dans la situation où ils se trouvaient avant de faire l'acte préjudiciable ou, en d'autres termes, qu'il considérerait l'acte en question comme inexistant, et qu'ainsi le mineur se trouverait dégagé de toutes les conséquences fâcheuses qu'avait entraînées, son inexpérience. Mais cette disposition ruinait le crédit du mineur, personne ne voulait traiter avec lui dans la crainte de la *restitutio in integrum* qui pouvait enlever un bénéfice justement acquis. Pour obvier à cet inconvénient, l'empereur Marc Aurèle, dans une constitution qui nous est rapportée par son historien Julius Capitolinus (1), ordonna que dorénavant tous les

(1) Jul. Capitolinus *in vita Marc. Antonini* chap. X. Nous

mineurs de 25 ans qui le demanderaient seraient munis de curateurs.

Un senatus-consulte, voté sous le règne de Septime Sévère, perfectionna encore ce système, en défendant aux tuteurs et curateurs d'aliéner, sans un décret du magistrat, les *prædia rustica et suburbana*, appartenant à des mineurs, et Constantin étendit cette prohibition aux *prædia urbana*, et aux meubles précieux. Enfin, Justinien apporta certaines modifications, qui sans supprimer complétement la *restitutio in integrum*, en rendirent du moins l'application de plus en plus rare.

Nous avons maintenant rapidement exposé la matière que nous nous proposons de traiter, il nous reste à déterminer l'ordre dans lequel nous étudierons les différentes questions que nous aurons à résoudre.

Dans une première partie nous traiterons :

1° de la capacité du mineur de 25 ans à l'époque de la loi Plætoria.

2° Les modifications apportées par le préteur (1).

reviendrons plus loin sur ce passage de Julius Capitolinus, qui joue un grand rôle dans l'étude de la capacité du mineur de 25 ans en droit romain.

(1) Nous ne parlerons de la *restitutio in integrum* dans ce chapitre, que pour mémoire, cette institution est trop importante pour être traitée accessoirement. Nous préférons en parler dans la seconde partie qui lui sera entièrement consacrée.

3° Capacité du mineur de 25 ans, à partir de la constitution de Marc Aurèle, et dans cette partie nous traiterons de la curatelle.

La 2° partie sera consacrée à l'étude de l'*in integrum restitutio.*

Enfin dans un appendice nous parlerons brièvement de ce que devinrent la curatelle et l'*in integrum restitutio* dans le droit de Justinien.

PREMIÈRE PARTIE

CHAPITRE PREMIER

Capacité du Mineur de 25 ans sous l'empire de la loi Plætoria

I

Les documents nous font presque entièrement défaut sur cette loi qui, à tant de points de vue, serait intéressante à connaître ; on n'en connaît pas exactement la date, et pendant bien longtemps on n'en sut pas exactement le nom. Les anciens jurisconsultes l'appelaient d'après les manuscrits : *Lætoria*, *Lectoria* ou *Plætoria*; le nom qui réunissait le plus de suffrages était : *Lætoria*.

Heineccius (1) soutient, en effet, que c'était son véritable nom, et qu'elle fut portée par un certain Lætorius Plancianus qui fut tribun du peuple vers l'an 490, *ab*

---

(1) Heineccius, *Hist. jur. roman.*, lib. I, cap. 3, § 99. Voy. également Hugo, *Histoire du Droit romain*, traduit de l'Allemand, par Jourdan, tome II, page 57 et pages 277 et suiv.

U. C. On est certain aujourd'hui que cette loi existait au
vi^e siècle de Rome, car il en est fait mention dans les
comédies de Plaute. De nouvelles découvertes ont permis
de lui restituer son véritable nom qui se trouve mentionné dans les tables d'Heraclées, qui furent trouvées
en 1732 dans le golfe de Tarente ; ce document, qui re-
monte au viie siècle de Rome, la désigne sous le nom de
lex Plœtoria.

Il est inutile d'insister sur les motifs qui ont rendu
cette loi nécessaire, qu'il nous suffise de renvoyer aux
quelques lignes que nous avons consacrées à ce sujet
dans l'introduction, et passons immédiatement à l'étude
des diverses dispositions de cette loi.

II

Nous sommes malheureusement fort ignorants sur ce
sujet. Les témoignages que l'antiquité nous a laissés sont
peu nombreux, et il est difficile d'en tirer des renseignements précis ; cependant Jérôme Hetzer, de Leipsik (1),
en s'aidant des textes de différents auteurs latins qui
parlent de la loi Plœtoria, a essayé d'en restituer le
texte.

(1) Voir la dissertation écrite sur ce sujet par Jérôme
Hetzer dans le tome II de la *Jurisprudentia antiqua* de Fellemberg.

Suivant lui, cette loi se divisait en cinq chapitres (1) ainsi conçus :

Cap. I.—Annus xxv completus, supremus minoris ætatis terminus esto (2).

Cap. II.—Minoribus xxv annis petentibus, causa cognita curatores dentor (3).

Cap. III.—Creditori, adversus minorem xxv annis actione detor (4).

Cap. IV.—Minori xxv annis stipulari ne liceto (5).

Cap. V. —Minores xxv annis in quodcumque contractu, dolo malo læsi, contra circumscriptionem in integrum restituantur (6).

Parmi ces conjectures, les unes ont été admises par la

(1) Les commentateurs qui se sont occupés de la loi Plœtoria ne sont pas tous d'accord sur le nombre des chapitres. Heineccius *(Hist. jur. roman.* lib. I, cap. 3, § 99), adopte cette division en cinq chapitres, mais Jac. Gothofred. *(comment. ad. leg.* 2, lib. VIII, tit. 12, code Théod.), ne parle que de trois chapitres : 1º Nomination d'un curateur au mineur de 25 ans, fou ou prodigue ; 2º défense de stipuler ; 3º sanction de la loi. Brissonnius *(antiquitat. ex jure civ. jure civ. select. libri quatuor.)* lib. III, cap. 2, reconstruit également trois chapitres.

(2) L. 2, liv. VIII, 12 code Théod. constitution de Constantin dans laquelle on parle d'un mineur *qui annos lætoria egressus legitimam complevit ætatem.*

(3) Jul. Capitolin. passage déjà cité plus haut.

(4) Plaute, *Pseudol.* acte 1, Sc. 3.

(5) Suétone, cité par Priscien, lib. 8, p. 288, liv. 18 p. 698.

(6) Cic. *de Off.,* lib. III, cap. 15, idem *de Nat. Deorum.* Lib. III, cap. 30.

science moderne, les autres ont été contestées ; nous ne porterons pas de jugement sur cette restitution et ces hypothèses assurément fort téméraires. nous nous bornerons à traiter successivement les questions suivantes :

1° Quel était l'âge fixé par la loi Plætoria ?

2° Du curateur nommé en vertu de la loi Plætoria.

3° Quelle était la portée de la défense de stipuler faite au mineur de 25 ans ?

4° Et en dernier lieu quelle était la sanction de la loi ?

II

La loi Plætoria fixait à 25 ans l'âge auquel le pubère jouissait d'une capacité pleine et entière ; c'est à raison de l'âge choisi comme limite de la minorité que Plaute, dans le passage cité plus haut, lui donne le nom de *lex quinavicenaria* ; l'âge de 25 ans fut désormais appelé *ætas legitima* (1).

III

La seconde disposition de la loi Plætoria est celle qui prescrivait de nommer un curateur au mineur de 25 ans.

(1) La raison qui avait fait choisir l'âge de 25 ans comme terme de l'incapacité nous est donnée par Ulpien [L. I, § 21, *de min.* (4.4)], *Post hoc tempus*, dit-il, *compleri virilem vigorem constat.*, de là vient probablement le nom de *perfecta ætas*, qui était quelquefois donné à l'âge de 25 ans.

Cette disposition a donné lieu à de graves controverses pour savoir à quelles personnes la loi Plætoria nommait des curateurs ; ces controverses reposent sur le texte de Julius Capitolinus, qui a été interprété diversement par les juriconsultes. Pour comprendre la portée de cette controverse, il est nécessaire d'étudier brièvement les diverses espèces de curatelles qui existaient antérieurement à la loi Plætoria.

La loi des XII Tables se préoccupant de la conservation du patrimoine de la famille, et suivant en cela le système de législation qui consistait à créer un pouvoir de protection non pas dans l'intérêt de l'incapable, mais dans l'intérêt du protecteur, imposait aux fous et aux prodigues (1) la curatelle de leurs agnats. Suivant l'opinion la plus répandue, cette disposition de la loi des XII Tables ne s'appliquait qu'aux fous et aux prodigues qui étaient venus *ab intestat* à la succession de leur père (2) et non pas aux mineurs ingénus qui dissipaient les biens qu'ils avaient reçus de leurs parents *ex testamento*, ni aux affranchis, car ces derniers ne succédaient jamais *ab intestat* à leurs parents, la *cognatio servilis* ne créant jamais de lien civil et, partant, point de droit de succession. Pour remplir cette lacune, le préteur permit

(1) Voir toutefois ce que nous avons dit page 3, note 1.

(2) Jac. Gothofredus, *ad Leg. XII Tab. Lex ergo Duodecim Tabularum de prodigorum curatione intelligenda tantum de illis prodigis, qui jure civili, ab intestato, parenti erant heredes.*

de donner un curateur à ces différentes classes de mineurs auxquels la loi des XII Tables n'en donnait pas (1).

Revenons maintenant à la loi Plætoria et voyons à quels mineurs elle nomme des curateurs. C'est ce que va nous apprendre le texte de Julius Capitolinus sainement interprété.

« *De curatoribus vero, quum ante non nisi ex lege Læ-* » *toria, vel propter lasciviam, vel propter dementiam da-* » *rentur, ita statuit ut omnes adulti curatores acciperent* » *non redditis causis.* »

Voici maintenant l'interprétation qu'en donne Heineccius, interprétation qui est du reste aujourd'hui généralement adoptée:

« Autrefois on ne nommait de curateurs que dans trois » cas : En vertu de la loi Plætoria, ou pour cause de pro » digalité, ou pour cause de folie, Marc Aurèle décida » que dorénavant tous les mineurs de 25 ans pourraient » se faire nommer des curateurs, sans avoir à justifier » de motifs (2). »

(1) Ulpian. *Reg.* tit. 12, add. Schultingius, *jurisprudentia vetus*, comm. ad tit. 12, lib. *Ulpian. regular.*

(2) Du reste voici comment s'exprime Heineccius : « *Ve-* « *rum non dicit Capitolinus ex lege Lætoria, tantum demen-* « *tibus, et lascivis, curatores datos esse, sed ante Antoninum,* « *fuisse trium generum curatores ; alios ex lege Lætoria datos* « *esse adolescentibus, alios ob lasciviam ex moribus, alios ob* « *dementiam, ex legibus XII Tabularum.* » Ce n'est pas du reste le seul endroit ou Heineccius donne cette interprétation, et au § 8, *de curat.* (*antiquitat. Roman. Suntagma*), il nous donne la paraphrase complète du texte de Julius Capi-

Ritter (1) conteste cette interprétation ; suivant lui, la loi des XII Tables ne donne de curateurs qu'aux fous et aux prodigues qui ont succédé, *ab intestat*, à leurs parents ; la loi Plætoria, au contaire, aurait été faite pour donner des curateurs aux fous et aux prodigues qui avaient cédé à leurs parents *ex testamento*.

Le texte d'Ulpien, que nous avons déjà cité (2), dément cette interprétation ; en effet, nous voyons dans le texte *à prætore constituitur curator*, et non pas *ex lege antiqua*, mots qu'Ulpien n'aurait pas manqué d'employer, si cette

linus. Voici comment il s'exprime : « *Quamvis enim vulgo,* « *ex loco hoc Julii Capitolini colligant, lege Lætoria tantum* « *adolescentibus dementibus et lascivis datos esse curatores,* « *ut ipse quoque in antecedentibus editionibus scripseram; facile* « *tamen patet ita nihil novi sanxisse legem Lætoriam; quum* « *jampridem furiosis et prodigis prospectum esset XII Tabulis,* « *nec dubitari posset, quin adolescentibus lascivis et dementibus,* « *hujusmodi curatores dari deberent quum et majores XXV* « *annis, in curatione sint, si dementes, si lascivi esse videntur.* « *Itaque non est hic sensus Julii Capitolini; potius inter se* « *contendit, jura de curatione ante Antoninum recepta et quæ* « *ab isto imperatore sint invecta.* Antea, *inquit, curatorum tria* « *genera erant,* Quum non nisi ex lege Lætoria, *minoribus peten-* « *tibus et causam probantibus,* vel secundo, propter lasciviam « *prodigis, quibus prætor bonis interdixerat,* vel propter « dementiam *furiosis et mente captis* curatores darentur ; « *quid ergo Marcus Antoninus ?* is ita statuit, *ut non solum* « *petentes, sed* omnes adulti curatores acciperent etiam non « redditis causis. *Ex hac demum paraphrasi perspicue patet,* « *quid lex lætoria, quid Marcus Antoninus imperator jusserit,* « *quidque sibi velit Julius Capitolinus.* » Voy. égal. *Hist. jur. roman.,* note sur le § 302.

(1) Ritter, *ad Hist. jur., Roman., Heineccii,* note sur le § 00.

(2) Ulpian, reg. tit. XII, § 3.

extension de la curatelle avait été l'œuvre de la loi Plætoria. Il est donc bien certain que la situation des fous
et des prodigues, de quelque façon qu'ils eussent succédé
à leurs parents, était réglée dès avant la loi Plætoria, et
que cette dernière a eu pour but de nommer des curateurs, à une classe d'individus qui en étaient dépourvus,
c'est-à-dire aux mineurs de 25 ans (1).

Ritter apporte encore, contre l'opinion d'Heineccius,
un dernier argument, il est impossible, disait-il, qu'une
loi ait ordonné de nommer des curateurs aux mineurs
qui en demanderaient : car, de deux choses l'une : ou le
mineur est fou et il ne peut demander de curateur; ou il
est prodigue et il se gardera bien d'en demander. Cet
argument n'est qu'une pétition de principes; évidemment si la loi Plætoria avait institué une curatelle au
profit du fou et du prodigue, il eût été absurde de ne la
constituer que sur la demande des fous et des prodigues;
mais avec la théorie que nous avons admise, cette pré-
tendue inconséquence disparait; en effet, la curatelle
instituée par la loi Plætoria avait pour but de reconsti-
tuer, de consolider le crédit des mineurs, anéanti par la
crainte du *Judicium publicum*, ils avaient donc le plus

(1) D'autres commentateurs au nombre desquels nous
comptons Jac. Gothofredus, interprètent ainsi le texte
de Julius Capitolinus : « Quant aux curateurs on n'en avait
donné que dans le cas de dissipation ou d'aliénation men-
tale, suivant la loi Lætoria; il voulut que tout adulte eût
un curateur sans motifs énoncés.

grand intérêt à demander un curateur et il n'y avait aucune raison de leur en imposer. Nous insisterons d'ailleurs sur cette idée quand nous traiterons de la curatelle.

IV

Une autre disposition importante est celle qui défendait au mineur de 25 ans de stipuler. Cette prohibition
nous est révélée par une phrase de Suétone citée par
Priscien : *Lætoria quæ vetat minórem viginti quinque
annis stipulari* (1). Mais cette défense de s'obliger s'ap-
plique-t-elle à toute espèce de contrat, ou bien seulement
à certains actes particuliers? Certains auteurs ont pensé
que cette défense avait principalement en vue le *mutuum*,
et on a même émis cette idée, que le sénatus-consulte
macédonien rendu sous le règne de Claude, n'était que la
reproduction de cette partie de la loi Plætoria ; cette assertion paraît se trouver confirmée par les vers de Plaute :

Call. *Perii an non tum lex quinavicenaria?*
    Metuunt credere omneis.
Ball.   *Eadem est mihi, metuo credere.*

(1) Priscian. lib. VIII, p. 794, lib. 18, p. 1183. Priscien
interprète *stipulari* par ἐπερωτᾶσθαι *id est spondendo obligari*
le mot *stipulari* employé au passif est assez rare, néanmoins nous trouvons au Digeste un texte qui confirme l'interprétation de Priscien, c'est la [1. 61 D. (26.7)] *idem
dicendum est, et si per curatorem furiosi, culpa vel dolo quid
amissum fuerit, quemadmodum si quid stipulatus tutor vel curator fuisset,* etc.

Ces vers se réfèrent évidemment à un *mutuum*; mais nous ne sommes pas portés à admettre l'opinion citée plus haut. En effet, on ne peut pas tirer argument du passage de Plaute, nous y voyons bien que le *mutuum* était interdit au mineur de 25 ans, mais ne lui était-il pas interdit par cela même que tous les contrats qu'il faisait tombaient sous l'application de la loi Plætoria?

D'autre part, les raisons qui ont motivé la loi Plætoria ne sont pas les mêmes que celles qui ont rendu nécessaire le sénatus-consulte macédonien. En effet, au vi° siècle de Rome, on n'avait pas les mêmes raisons de craindre l'abus du *mutuum* que sous le règne de Claude; du reste, l'esprit de ces deux lois était loin d'être le même, la loi Plætoria était faite pour protéger les mineurs contre la ruse et la mauvaise foi des tiers, et, à ce point de vue, le *mutuum* n'était pas plus dangereux pour le mineur que tout autre contrat; le sénatus-consulte macédonien, au contraire, était destiné à défendre les pères de famille contre les folles prodigalités de leurs fils; il nous paraît donc à peu près certain que le sénatus-consulte macédonien n'avait rien de commun avec la loi Plætoria.

En dernier lieu si, comme on le prétend, la loi Plætoria voulait défendre le *mutuum*, il serait bizarre que le texte pour désigner un contrat qui se forme *re*, ait employé le mot *stipulari*, qui se réfère indubitablement aux contrats *verbis* (1).

(1) Jac. Gothofredus, dans son commentaire sur la l. 2,

V

Il faut maintenant voir quelle était la sanction des dispositions précédentes :

Ce point est assez obscur, et les romanistes modernes cessent ici d'être d'accord avec les anciens commentateurs. Cette dernière question doit être envisagée à deux points de vue distincts ; 1° De quelle peine était frappé le tiers qui avait abusé de l'inexpérience d'un mineur de 25 ans ? 2° Quel était le sort de l'acte fait par le mineur de 25 ans, contrairement à la prohibition de la loi Plætoria ?

1° La pénalité qui frappait l'auteur du dol nous est révélée par deux fragments de Cicéron ; le premier (*de off.*, liv. III, chap. 15) est ainsi conçu :

« *Quod si Aquilliana definitio vera est, ex omni vita* » *simulatio tollenda est. Ita nec ut emat melius, nec ut* » *vendat, quidquam simulabit vir bonus. Atque iste dolus* » *malus et legibus erat vindicatus, ut tutela Duodecim* » *Tabulis, circumscriptio adolescentium lege Lætoria, et* » *sine lege judiciis in quibus addicitur ex fide bona.* »

Le second (*de nat. Deor.* liv. III, cap. 30), s'exprime de la manière suivante : « *Inde tot judicia de fide mala tu-*

liv. 8, tit. XII, *code Théodos.* paraît, lui aussi, supposer que la prohibition de la loi Plætoria avait spécialement en vue le *mutuum*, car, dit-il, la sanction consistait en ce que le créancier perdait ce qu'il avait donné.

Voir également M. Ch. Giraud, Histoire du Droit romain, ou introduction à l'étude de cette législation, p. 260.

» *tetæ, mandati, pro socio, fiduciæ, vendito aut conducto*
» *aut locato, contra fidem fiunt, inde judicium publicum*
» *rei privatæ lege Lætoria.* »

Ainsi donc, de ces deux fragments de Cicéron, nous pouvons conclure que celui qui avait abusé de la simplicité d'un mineur de 25 ans, était exposé à un *judicium publicum rei privatæ*; c'est-à-dire qu'il était exposé à une poursuite qui pouvait être intentée par le premier venu (*quivis e populo*). *Rei privatæ*, c'était une exception à la règle générale en matière de *Judicia publica*. En effet, on ne permettait ainsi au premier venu d'intenter une action que lorsque l'intérêt public était en jeu; dans notre cas, au contraire, un intérêt purement privé donnait ouverture à l'action publique (1).

Quelle peine était prononcée en vertu de cette action ? On n'est pas absolument fixé sur ce point, mais il est probable que le coupable était condamné à une peine pécuniaire et encourait l'infamie. Les tables d'Héraclée nous apprennent que celui qui avait été condamné en vertu de la loi Plætoria, ne pouvait faire partie de la curie ni être élu à aucune dignité municipale (2).

(1) Voir M. Accarias, *Précis de Droit romain*, Tome I, p. 36, note 2.

(2) Voici du reste le texte de la table d'Héraclée, chap. viii. « *Quæ Municipia, colonia, prefecturæ fora, conciliabula ci-* « *vium Romanorum sunt erunt ; neiqueis in eorum, quæ muni-* « *cipio coloniâ prefectura foro conciliabulo in senatu decuri-* « *onibus conscripteisque esto, neve quoi ibi in eo ordine senten-*

M. de Savigny pense que cette exclusion des dignités municipales était une conséquence de l'infamie, cette conjecture est d'autant plus probable que la table d'Héraclée, dans son énumération, ne mentionne que des jugements entraînant l'infamie (1).

2° Voyons, maintenant, quel était le sort de l'acte fait par le mineur de XXV ans. Le mineur paraît avoir eu une exception dite *exceptio legis Plætoriæ*, qui lui permettait de se défendre contre l'action que le créancier pouvait lui intenter, nous en trouvons la preuve dans la [l. 7, § 1 D, *de except.* (44, 1)], qui, parlant des exceptions que peuvent invoquer les fidéjusseurs, cite l'exception du mineur de vingt-cinq ans *circumscriptus* (2). Cette exception dut disparaître lorsque

« *tiam deicere ferre liceto, quei furtei quod ipse fecit fecerit*
« *condemnatus pactusve est erit: queive judicio fiduciæ, pro socio,*
« *tutelæ, mandatei, injuriarum, de re dolo malo condemnatus*
« *est erit,* QUEIVE LEGE PLÆTORIA, *obeamve rem, quod*
« *adversus eam legem fecit fecerit, condamnatus est erit, etc...*
« *Quei adversus ea municipio, colonia, prefectura foro conci-*
« *liabulo, in senatu decurionibus conscripteisve fuerit senten-*
« *tiamve dixerit, in sestertium quinquagena millia populo dare*
« *damnas esto, ejusque pecuniæ que volet petitio esto.*

(1) L. I D *de his qui notantur infamia* (3,2).

(2) *Rei autem coherentes exceptiones, fidejussori competunt, ut rei judicatæ, doli mali..... idem dicitur, et si pro filio familias contra senatus-consultum quis fidejusserit, aut pro minore viginti quinque annis circumscripta.* » On peut encore citer à l'appui ces vers de Plaute :

  Cedo qui cum habeam judicem
Ni dolo malo instipulatis sis, nive etiam dum siem
Quinque et viginti gnatus annos.
    (Rudens. act. V, Sb. 3).

l'exception de dol eut été introduite par le préteur Aquilius Gallus, contemporain et ami de Cicéron (1). Mais le mineur pouvait-il attaquer le contrat par voie d'action? Les anciens auteurs qui ont écrit sur ce sujet pensent qu'il était impossible d'admettre que le mineur pût intenter la *condictio indebiti*, parce qu'il se trouvait obligé naturellement , et qu'on n'a pas payé l'indu quand on a acquitté une obligation naturelle. Heineccius (*Hist. jur. roman.*, § 99) et Jérôme Hotzer pensent que la loi Plætoria ouvrait au mineur la voie de la *restitutio in integrum;* mais nous croyons qu'ici les commentateurs se trompent, et que leurs conjectures peuvent être accusées de témérité. En effet, la *restitutio in integrum* a toujours passé pour une institution essentiellement prétorienne, et, en conséquence, on lui a donné le nom d'*Ultimum subsidium* ou d'*extraordinarium auxilium*, nom qui ne lui eût pas été donné si le principe de cette institution avait été posé par une loi (2). A l'appui de son opi-

(1) Voir sur la manière dont fut introduite l'exception de dol, Noodt. (*de forma emendandi doli mali*, cap. V.)

(2) Brissonnius (*Antiquitat. Roman. ex jure civ. select.*, lib. III, chap. 2.) pense que la restitution *in integrum* et le délai pour l'exercer avaient été établis par une loi ; ce qui rend possible l'hypothèse de Heineccius et de Jérôme Hotzer. Brissonnius cite à l'appui de cette conjecture deux textes où le délai de la *restitutio in integrum* est appelé *tempus legitimum* [L. 19. D *de min.* (4.4)] et l. un C. [*Si adv. dot.* (2.34) Voici le texte de cette dernière loi : « *Et tempora nondum præterierint, intra quæ legibus ex persona defuncti postulare* « *in integrum restitutionem.* »

nion, Jérôme Hetzer cite les deux passages de Cicéron (*De Off.*, lib. III, cap. XV, et *de nat. Deor.*, lib. III, cap. XXX); mais il nous est impossible de rien trouver dans ces deux textes qui éveille l'idée d'une *in integrum restitutio*.

Nous ferons, d'ailleurs, observer que si la loi Plætoria défendait aux mineurs de vingt-cinq ans de faire certains actes, l'acte fait contrairement à ces dispositions pouvait bien engendrer une obligation naturelle, mais pas une obligation civile, et que la *restitutio in integrum* est complétement inutile là où il n'existe pas de lien civil.

Nous admettons donc que le mineur de vingt-cinq ans n'avait à l'origine qu'une exception, et qu'il n'avait aucun moyen de faire annuler son obligation; c'est, du reste, l'insuffisance de ce système de protection qui a rendu nécessaire les modifications que nous allons étudier dans les chapitres suivants.

CHAPITRE II.

Modifications apportées par le Préteur.

Le système de la loi Plætoria avait, ainsi que nous venons de le voir, amélioré la situation du mineur de vingt-cinq ans; il se trouvait protégé contre les entreprises des gens de mauvaise foi, mais cela ne suffisait pas encore; en effet, la mauvaise foi des tiers n'était pas le seul 'danger qui menaçait le mineur de vingt-cinq ans livré à lui-même, il avait encore à se garantir contre la faiblesse de son jugement et l'entraînement de ses passions. Contre ces écueils, là loi Plætoria ne pouvait rien.

Ce fut le préteur qui donna aux mineurs la protection qui leur manquait. A une époque qui nous est tout à fait inconnue, le préteur annonça dans l'édit, qu'il se réservait d'examiner tous les actes intéressant des mineurs, et que s'ils avaient éprouvé une lésion il leur accorderait l'*in integrum restitutio* (1).

Nous n'avons point l'intention de développer ici la théorie de la *restitutio in integrum*. Cette institution

(1) C'est ce que nous trouvons dans un fragment de l'édit de préteur rapporté par Ulpien, dans un texte qui forme la [L. 1, § 1, D *de min.* (4.4)] : *Quodquam minore quam riginti quinque annis natu gestum esse dicetur, utiquæque res erit animadvertam.*

ayant subsisté jusqu'à l'époque de Justinien, nous lui reservons un chapitre particulier, ainsi que nous l'avons dit dans l'introduction.

CHAPITRE III.

Modifications apportées à la capacité du mineur de vingt-cinq ans par les Constitutions impériales.

I.

La *restitutio in integrum* créée par le préteur dépassa le but que ce magistrat s'était proposé. Personne ne voulait traiter avec un mineur dans la crainte de la *restitutio in integrum*. Les débiteurs d'un mineur de vingt-cinq ans, quoiqu'ayant un intérêt immédiat à se libérer, ne l'osaient pas, de peur que la *restitutio in integrum* ne les forçât à payer deux fois. Enfin, cette institution créait une gêne non-seulement pour les tiers, mais même pour les mineurs, dont elle ruinait entièrement le crédit. L'Empereur Marc-Aurèle comprit qu'il était temps de mettre fin à cette situation fâcheuse, et qu'il valait mieux prévenir le mal par de sages mesures de protection que de le réparer par des moyens violents. En conséquence, cet empereur décide, dans une constitution dont nous avons déjà parlé (1), que tous les mineurs de vingt-cinq ans qui le demanderaient recevraient des curateurs, sans être obligés de justifier de motifs.

On a longtemps disputé sur le point de savoir si tous les mineurs de vingt-cinq ans indistinctement recevaient des curateurs, ou si on n'en donnait qu'à ceux qui le demandaient : la solution de cette question n'est pas sans difficulté, car on trouve des textes sur lesquels peuvent s'appuyer raisonnablement les deux opinions en présence. Nous allons donner la solution de cette question avant d'aborder l'étude de la curatelle.

II

L'opinion la plus répandue est celle qui enseigne que les mineurs de vingt-cinq ans ne recevaient de curateur que sur leur demande. C'est ce qui paraît résulter des textes suivants :

L. 13, § 2, *de tut. et curat. dat.* (26. 5.)

Minoribus annorum desiderantibus, curatores dari solent.

L. 2 §§ 4 et 5 D. *qui pet. tut. vel curat.* (26. 6.)

Curatores autem sibi ipsis petent, si quidem adfuerint

_____

(1) Voir page 5, note 1.

per se ipsos, si autem abfuerint, aliquis eorum petet per procuratorem.

Et enfin, *Inst.* liv. 1, tit. 23, § 2.

Item inviti, adolescentes curatores non accipiunt, præterquam in litem.

Cette doctrine, appuyée comme on le voit sur des textes formels, a été combattue par plusieurs auteurs, et nous trouvons réunis dans une dissertation de Conrad Crusius (1), les principaux arguments qui ont été employés pour faire prévaloir l'opinion contraire. Le premier argument porte sur les termes mêmes dont se sert Julius Capitolinus quand il parle de la constitution de Marc-Aurèle : *Ita statuit ut omnes adulti curatores acceperent,* et sur le Pr. du tit. 23, lib. 1, Inst. *Masculi puberes et feminæ veripotentes, usque ad vicesimum quintum annum completum, curatores accipiunt* (2) ; il faudrait donc en conclure que tous les mineurs, et non pas seulement ceux qui en faisaient la demande, étaient pourvus de curateurs. A l'appui de de cette assertion, Conrad Crusius nous donne un argument qui, suivant nous, ne démontre absolument rien ; néanmoins, nous le reproduisons textuellement. : « *Naturali jure conveniens est,* « *illos qui ejus ætatis sunt ut defendere non possint, alte-*

(1) Dissertation sur la constitution de Marc-Aurèle, insérée dans le tome II de la *Jurisprudentia antiqua* de Fellemberg.

(2) On aurait encore pu citer en ce sens, cette phrase de Caius : *Peractis pupillaribus annis, quibus tutores absolvuntur, ad curatores minor incipit pertinere.*

« rius tutela regi, atqui omnes pupilli ejus ætatis sunt,
« ergo omnes pupilli tutores accipiunt hoc opinor admit-
« tent, dubitabunt ne igitur, etiam de veritate sequentis
« collectionis? Naturali ratione et æquitate, qui ejus æta-
« tis sunt ut sua negotia tueri nequeant, propter fragile
« atque infirmum consilium, alterius auxilio regi debent ;
« Omnes autem minores viginti quinque annis licet pube-
« res, ejus ætatis sunt, ergo omnes adulti curatores acci-
« pere debent. »

Arrivons maintenant à une partie plus importante de cette controverse et voyons comment les jurisconsultes que nous combattons se débarrassent des textes que nous avons cités plus haut et de tant d'autres dans lesquels il est question de mineurs non pourvus de curateurs (1) : suivant eux ces textes constatent un état de fait et non un état de droit, et les mineurs de 25 ans peuvent se trouver sans curateurs, comme des impubères peuvent se trouver sans tuteurs, pour les raisons que nous donne Ulpien dans la L. 1, § 24 *de ventr. in poss. mitt.* (37. 9). *Quia aut non petitur, aut tardius petitur aut serius datur.*

Ils expliquent aussi d'une façon ingénieuse une Constitution de l'empereur Alexandre (2) qui confirme l'opinion que nous avons l'intention d'adopter ; cette cons-

(1) Voy. par exemple, l. 7, § 2, D, *De min.*, (4.4.) L. 1, C, *De in integr. restitut.* (2.22).

(2) L. 6, C, *Qui pet. tut. vel curat.* (5.31).

tution est ainsi conçue : « *Minores viginti quinque annis,
ipsi sibi curatores, SI RES EORUM EXIGIT petere debent.* »

Voici l'explication qui ne nous paraît pas avoir une
grande valeur : ce texte devrait être compris de la
manière suivante : « Les mineurs de 25 ans doivent
se faire nommer des curateurs, si leur patrimoine
en vaut la peine » (*si res eorum exigit*). Ils appuient leur
interprétation sur des fragments d'un texte d'Ulpien
formant la 1. 2, §§ 26 et 45. D. *ad Sc. Tertyllianum*
(38. 17). Après avoir dit que la mère perd les droits de
succession que lui donne le sénatus-consulte Tertyllien
si elle n'a pas eu soin de faire nommer de tuteur à son
enfant, le jurisconsulte ajoute : « *Quod si penitus egenis
« non petit (tutorem), ignoscendum est ei.* » Et dans un
autre passage : « *ego etiam si mater ei, qui solvendo non
« erit, non petiit tutorem puto ignoscendum.* » Ceci posé,
voici quel est leur raisonnement : Si l'obligation imposée
à la mère, de faire nommer un tuteur à ses enfants, cesse
quand ces derniers n'ont pas de fortune, n'est-il pas
croyable que la nécessité imposée au mineur d'être en
curatelle jusqu'à l'âge de 25 ans, cesse dans les mêmes
circonstances. Il est facile de remarquer que cette explication est insuffisante ; elle ne donne pas un sens satisfaisant aux mots *si res eorum exigit* qui, suivant nous,
peuvent être parfaitement traduits par *s'ils en éprouvent
le besoin*, et du reste, les eût-elle interprétés d'une manière satisfaisante, il nous resterait toujours les mots

curatores sibi ipsi petere debent dont nos adversaires ne parviennent pas à se débarrasser. Il nous reste à voir comment ils essayent de concilier avec leur doctrine deux textes que nous avons déjà cités. L. 13, § 2, D. *de tut. et cur. dat.* (26, 5.) L. 2, §§ 4 et 5. *qui pet. tut. vel curat..* (26, 6), dans lesquels il est dit que les mineurs de 25 ans reçoivent des curateurs sur leur demande et le § 3 *de curatoribus* aux Institutes qui nous dit : *Inviti adolescentes curatores non accipiunt praeterquam in litem.* Suivant eux, voici le sens qu'il faudrait donner à ces textes : il est bien évident qu'il y a une différence entre le pupille et le mineur; on pense communément que cette différence consiste en ce que tous les pupilles sont forcés d'avoir des tuteurs, tandis que tous les mineurs ne sont point forcés d'avoir des curateurs; la véritable différence est plutôt la suivante : tous deux sont forcés d'avoir l'un un tuteur, l'autre un curateur, seulement, tandis qu'il ne dépend pas de l'impubère d'avoir tel ou tel tuteur, il dépendra au contraire du mineur d'avoir tel ou tel curateur.

Nous ne pouvons nous rallier à une doctrine basée sur des arguments aussi faibles, aussi préférons-nous adopter l'opinion contraire soutenue autrefois par Heineccius (1) et qui aujourd'hui a presque complétement

______

(1) Heineccius, *additiones ad Vinnium*, sur le tit. xxiii du liv. I, Institutes. *Antiquitat. Romanorum suntagma* Ajoutez : *Elementa juris civilis*, § 272.

triomphé. Nous allons la développer le plus brièvement possible.

III.

C'est à tort que Cujas et d'autres auteurs ont accusé Tribonien d'avoir reproduit dans les Institutes des dispositions relatives à la curatelle (1) qui avaient été abrogées par la Constitution de Marc-Aurèle ; des textes des jurisconsultes, et les constitutions impériales nous prouvent que même depuis cette constitution de Marc-Aurèle, tous les mineurs n'étaient pas forcés d'avoir des curateurs (2).

Nous trouvons cependant un texte des Institutes qui résiste un peu à la théorie que nous soutenons, nous voulons parler du principium du titre de *curatoribus* qui nous dit : « *Masculi puberes et feminæ viripotentes usque* « *ad vicesimum quintum annum, curatores accipiunt.* » Le sens de ce texte paraît au premier abord absolu : mais en présence des autres textes et notamment du § 2 du même titre, il faut l'entendre comme s'il y avait : « *Masculi puberes et feminæ viripotentes volentes,* etc. », car on ne peut admettre que l'auteur des Institutes se

(2) Nous trouvons cette critique à propos du § 2 du titre : *De curatoribus* aux Inst.

(1) Papin. L. 13 *in fine* D, *De tut. et curat. dat.* (26.5) Modest. L. 2, § *pen* D, *Qui pet. tut. vel curat.* (26.6). Rescrit de Dioclétien et Maximien, Atiano formant la l. 2, C, *De in integ. restitut.*

soit contredit dans deux paragraphes aussi rapprochés ; c'est du reste l'avis d'Heineccius.

Un autre texte, la loi I, § 3, *de min* (1, 4.), paraît également contraire à notre doctrine : « *et ideo hodie in hanc* « *utique œtatem adolescentes curatorum auxilio reguntur: nec* « *ante rei suœ administratio eis committi debebit, quamvis* « *bene rem suam gerentibus.* » Heineccius dous donne de ce texte une explication qui nous parait très-acceptable. Nous lui laissons du reste la parole pour la développer. Voici comment il s'exprime : « *De effectu* « *curœ jam constitutœ loquitur (Ulpianus), cujus ea vis* « *sit ut minores quibus petentibus semel curator datus est,* « *hujus curatoris auxilio usque ad vicesimum quintum* « *annum regi debeant; nec possit magistratus, eum quem* « *semel curatorem dedit, a munere suo removere, mino-* « *ribusque ob id, quod jam amplius sub cura vivere non* « *lubeat, rerum suarum administrationem restituere.* »

Nous citerons encore à l'appui de notre opinion la paraphrase de Théophile dont l'autorité est considérable quand il s'agit d'interpréter un texte des Institutes : voici du reste quels termes il emploie à propos de la question qui nous occupe. Ἄκων οὐδεὶς κουρατωρεύεται ἐπιτροπεύεσθαι δὲ τίς καὶ μὴ βουλομένος.

Mais, la règle que nous avons posée souffrait beaucoup d'exceptions. Dans certains cas que nous mentionnerons plus loin et dont il est parlé dans les textes, le mineur était forcé, dans l'intérêt même des tiers, de se faire nommer un curateur. En parlant de ces exceptions, nous verrons que l'on imposait au pupille devenu pubère l'obligation de se faire nommer un curateur pour l'assister dans la réception de son compte de tutelle; et que la tutelle ne prenait fin que lorsque cette formalité avait été remplie. Si donc on admet l'interprétation que Heineccius nous donne de la loi 1, § 3 D, *de minoribus* (4. 4), à savoir qu'une fois la curatelle constituée, le mineur ne peut s'en affranchir avant l'âge de vingt-cinq ans, on est forcé de décider que tous les mineurs qui ont été en tutelle seront forcément munis de curateurs. Nous admettons, du reste, cette solution sans réserves, et nous maintenons, pour les mineurs qui n'ont jamais été en tutelle, ce que nous avons dit plus haut : ils ne reçoivent pas de curateur malgré eux, sous réserve toutefois des exceptions que nous avons indiquées plus haut et que nous étudierons en détail dans le paragraphe suivant.

Il a paru bizarre à plusieurs jurisconsultes (1) que le mineur fût chargé de pourvoir lui-même à la nomination de son curateur. Cette singularité apparente s'explique parfaitement si on réfléchit que l'institution de la curatelle était moins une mesure de protection, qu'un moyen de réagir contre la *restitutio in integrum* qui avait manqué son but en le dépassant. Le mineur pouvait ainsi, en

(1) Ritter. Notes sur Heineccius. *Hist. jur. Roman.*, § 99.

se faisant nommer un curateur, renoncer à la *restitutio in integrum* et faciliter ainsi ses rapports avec les tiers. Nous verrons plus tard comment cette mesure devint elle-même illusoire, lorsque les magistrats romains, abusant de la *restitutio in integrum*, prirent l'habitude de l'accorder pour des actes faits par les mineurs avec l'assistance de leurs curateurs et même pour des actes faits par les curateurs seuls.

IV

Nous avons dit plus haut que, dans certains cas, les mineurs de vingt-cinq ans pouvaient être forcés de se faire nommer des curateurs. Ces cas sont au nombre de quatre. Le premier, que nous avons déjà mentionné, se présente lorsque le pupille, devenu pubère, voulait recevoir son compte de tutelle et prendre l'administration de ses biens; il était obligé, dans ce cas, de se faire nommer un curateur, et la tutelle ne finissait qu'après la nomination de ce dernier. La loi 5, § 5 D. *de adm. et peric. tut.* (26, 7) (1) prescrit même au tuteur d'aver-

(1) « *Si tutor pupillum suum puberem factum non admonue-* « *rit, ut sibi curatores peteret (sacris enim constitutionibus hoc* « *facere jubetur qui tutelam administravit) an tutelæ judicio* « *teneatur? et magis puto sufficere tutelæ judicium, quasi* « *connexum sit hoc tutelæ officio, quamvis post pubertatem ad-* « *mittatur.* » Nous trouvons, dans d'autres textes, cette même idée que des faits postérieurs à la tutelle peuvent donner lieu à l'action *tutelæ* Voy. l. 11 C (V. 51). *Tutor post puberem*

tir le mineur qu'il ait à se faire nommer un curateur, et s'il manquait à cette obligation, il était exposé à l'action *tutelæ*, car la responsabilité du tuteur ne cessait qu'après la constitution de la curatelle, c'est ce que nous voyons dans la 1. 33, § 1 D, *de adm. et peric. tutor.* (26, 7). « *Officium tutorum curatoribus constitutis, finem accipit.* » Mais il pouvait arriver que le mineur ne tint pas compte de l'avertissement de son tuteur; dans ce cas, une constitution de Gordien [1. 7, C. *Qui pet. tut. vel curat.* (5, 31)] permettait au tuteur de provoquer lui-même la nomination d'un curateur. Nous avons déjà dit que le curateur, ainsi nommé, restait en fonctions jusqu'à ce que le mineur eût accompli sa vingt-cinquième année.

Une seconde exception nous est révélée par le § 2 *de curat.* aux Institutes. Ce texte, que nous avons cité plusieurs fois, nous dit : « *Inviti adolescentes curatores* « *non accipiunt, præterquam in litem.* »

Voici le sens de cette exception : Quand le mineur avait à soutenir un procès contre un tiers, il devait se faire nommer un curateur; sans cela, si, agissant comme demandeur ou comme défendeur, il perdait son procès, il pouvait se faire restituer *in integrum* contre la chose jugée, et le tiers perdait ainsi le bénéfice de la condam-

---

ætatem puellæ, « *si in administratione connexa perseveraverit,* « *tutelæ actione totius temporis rationem præstare cogitur.* » Voir également 1. 7 C. *qui pet. tut. vel cur.* (5.31).

nation prononcée à son profit. Nous trouvons cette décision dans une constitution d'Antonin Caracalla, qui forme la L. 1, C. *Qui pet. tut. vel curat.* (5, 31) : « *Admone adolescentem adversus quem consistere vis, ut curatores sibi dari postulet, cum quibus secundum juris formam consistas; qui si in petendis his cessabit, potes tu competentem judicem adire, ut in dandis curatoribus officio suo fungatur* (1). »

Il existe une troisième exception dans le cas où un tiers débiteur d'un mineur de vingt-cinq ans veut se libérer envers lui ; s'il payait entre les mains du mineur non pourvu de curateur, il pourrait craindre que celui-ci ne dissipât la somme payée et ne se fît restituer *in integrum* pour rentrer en possession de sa créance. La loi 7, § 2 D *de minoribus XXV annis* (4, 4) permet au débiteur de forcer le mineur à se faire nommer un curateur.

Les trois exceptions que nous venons d'étudier avaient été introduites pour que les tiers qui étaient forcés de traiter avec le mineur ne fussent point exposés à la

____

(1) La nécessité pour le mineur d'être pourvu d'un curateur pour ester en justice existait antérieurement à la constitution d'Antonin Caracalla. Nous trouvons, en effet, plusieurs textes qui semblent l'indiquer, ce sont : les l. 45, § 3 D. *de re judic.* (12.2) « *contra indefensos minores tutorem vel curatorem non habentes, nulla sententia proferenda est,* » et l. 51 *Pr. eod.* « *contra pupillum indefensum, cumque, qui reipublicæ causa abest, vel minorem XXV annis propositum peremptorium nihil momenti habet.* »

restitutio in integrum. Les tiers furent ainsi suffisamment protégés, tant qu'on ne restitua le mineur que contre les actes qu'il avait faits seul; nous verrons, dans la dernière partie de ce travail, les précautions que l'on dût prendre, dans la suite, pour être à l'abri de tout danger.

La quatrième et dernière exception, dont nous avons maintenant à nous occuper, se présente dans le cas où le mineur de vingt-cinq ans devient fou; nous allons voir que le but de cette exception est bien différent de celui qu'on s'est proposé en introduisant les trois premières que nous venons d'étudier.

Lorsqu'un mineur de vingt-cinq ans devient fou, il est nécessaire de lui donner un curateur; mais on pourrait penser, à première vue, que ce n'est pas une exception à notre principe; car on ne considère pas ici l'âge de la personne, mais seulement l'état de son esprit, et que la curatelle, à laquelle il doit être soumis, est celle qu'avait instituée la loi des Douze Tables pour les fous et les prodigues. Cependant, il résulte d'un rescrit d'Antonin, qui nous est rapporté par Ulpien (1), qu'on lui donnait un curateur, non pas comme fou, mais comme mineur. On

---

(1) Ulpien, l. 3, § 1 D. *de tut.* (26.1) « *Quia autem in pupillorum persona, agnatos curatores non admittimus, idcirco putavi, ut si minor XXV annis furiosus sit, curatorem ei non ut furioso sed ut adolescenti dari, quasi ætatis esset impedimentum: et ita definiemus in quem ætas curæ vel dementi quæri curatorem: et ita imperator Antoninus Augustus rescripsit : cum magis ætati quam dementiæ tantisper consulendum.*

peut facilement expliquer cette disposition : La loi des Douze Tables mettait le fou sous la protection de ses agnats, et nous savons que cette curatelle dévolue aux agnats était toute dans leur intérêt. L'esprit de la législation changea, et les pouvoirs protecteurs qui furent créés, à partir d'une certaine époque, furent organisés entièrement en vue de l'intérêt de l'incapable ; mais on ne toucha pas pour cela à ce qui existait déjà, et le rescrit d'Antonin n'avait d'autre but que d'écarter, au moins dans un cas déterminé, un genre de curatelle qui n'était plus dans les mœurs, mais que, suivant la coutume romaine, on n'abrogeait pas.

V

Nous allons maintenant étudier d'une façon sommaire :

1° Les règles relatives à la nomination des curateurs ;

2° Les causes d'excuses et d'incapacité ;

3° Les obligations et les fonctions du curateur ;

4° Les causes qui faisaient cesser la curatelle ;

5° Enfin, les actions auxquelles la curatelle donnait naissance.

1° *Règles relatives à la nomination des curateurs.*

Il n'y avait ici ni curatelle légitime ni curatelle testamentaire, le curateur du mineur de vingt-cinq ans devait toujours être nommé par le magistrat; c'est ce que nous voyons, du reste, dans le § 1 *du tit. de curat.* aux Inst, (1).

« *Dantur autem curatores ab iisdem magistratibus a* « *quibus et tutores sed curator testamento non datur sed* « *datus confirmatur decreto Prætoris vel præsidis* (2). »

Si le curateur était nommé dans le testament du père, le magistrat le confirmait sans enquête (3).

Si, au contraire, il était nommé par le testament de la mère, le préteur ne le confirmait qu'après enquête, c'est ce que nous aprend la loi 2 § 1 D *de confirmando tut.* (26, 3).« *Sed et si curator a matre testamento datus sit* « *filiis ejus decreto confirmatur ex inquisitione.* » Nous avons déjà expliqué pourquoi les curateurs des mineurs de vingt-cinq ans n'étaient pas des curateurs légitimes ; nous croyons maintenant pouvoir avancer que si on ne permettait pas la nomination de ces curateurs par testament, c'était une conséquence de ce que les mineurs ne recevaient pas de curateurs malgré eux.

Outre ces deux différences que nous venons de signaler

(1) Inst. Liv. I, tit. XXIII.

(2) En vertu de quel pouvoir le préteur ou le magistrat nommait-il les curateurs ? C'est ce que nous apprend Ulpien dans la l. 6, § 2, D, *De tut.* (26.1) : « *Tutoris datio, neque im-* » *perii est neque jurisdictionis; sed soli ei competit cui nomina-* » *tim hoc dedit, vel lex vel senatus-consultum vel princeps.* »

(3) Nous en trouvons la preuve dans un texte de Papinien. l. 6, D, *De confirmando tut.* (26.3) : « *Si filio puberi, pater* » *tutorem, aut impuberi curatorem dederit, citra inquisitionem* » *prætor eos confirmare debebit.* »

il en existait encore une troisième, c'est qu'on pouvait nommer un curateur *ad certam causam*, ce qui était impossible en matière de tutelle.

Nous voyons qu'il y avait des différences bien tranchées entre la tutelle et la curatelle, mais si nous nous contentons de comparer les tuteurs et les curateurs nommés par les magistrats, nous verrons qu'il y a entre eux une analogie presque complète, notamment en matière d'incapacité et d'excuses.

2° *Causes d'excuse et d'incapacité.*

Toutes les causes qui rendent incapable d'être tuteur, ou qui permettent de se faire excuser sont également applicables à la curatelle.

Nous croyons pouvoir nous dispenser d'étudier ces causes d'incapacités et d'excuses communes à la tutelle et à la curatelle, car cela nous entraînerait en dehors des limites de notre sujet, nous allons seulement citer en passant une cause d'excuse et une cause d'incapacité spéciales à la curatelle.

La cause d'excuse est mentionnée d'une part au § 18, *de excusat.* aux Inst. et Sent. Paul liv. II, tit. 27, § 2. D'autre part, elle consiste, en ce que celui qui a été tuteur d'une personne ne peut pas être forcé d'accepter la curatelle de la même personne (1). Quant à la cause

(1) Voici, du reste, ces deux textes : « *Qui tutelam ali-*

d'incapacité, nous la trouvons mentionnée dans le § 201 des *Fragm. Vatic.* qui nous dit que le mari ne peut pas être curateur de sa femme mineure; ce paragraphe parait nous présenter une cause d'excuse; en effet, il est placé à la suite des paragraphes qui traitent tous de causes d'excuses, et il commence par ces mots : *Item si quis uxori suæ curator datur* qui paraissent vouloir assimiler l'hypothèse prévue dans ce paragraphe à celles dont il est parlé dans les paragraphes précédents; mais, si nous lisons la suite du texte, nous voyons qu'il s'agit d'une cause d'incapacité et non pas d'une cause d'excuse; en effet, le texte continue ainsi : « *Nam sicut* « *senatus censuit, nequis eam ducat cujus tutor vel curator* « *fuit, ita uxoris suæ non debere curam administrare* « *divus Severus, Flavio Severiano rescripsit* (1). »

3° *Des obligations du curateur et de ses fonctions.*

Voyons maintenant quelles sont les obligations qui

» *cujus gessit, invitus curator ejusdem fieri non compellitur :* » *in tantum ut licet pater familias qui testamento tutorem dedit,* » *adjecit se eumdem curatorem dare, tamen invitum eum curam* » *suscipere non cogendum, divus Severus et Antoninus rescrip-* » *serunt.* » (Inst. Liv. 1, tit. xxv, § 18.)

« *Ad curam ejus, cujus quis tutelam administravit, invitus* » *vocari non potest.* » (Paul. Sent., liv. 2, tit. xxvii, § 2.) Nous pouvons ajouter encore à ce texte le § 200 des *Fragments du Vatican.*

(1) Nous voyons que le § 19 De *excusationibus,* aux Instututes, nous présente également cette cause d'incapacité comme une cause d'excuse.

sont imposées au curateur au moment de son entrée en charge, et quelle est la nature de ses fonctions. De même que le tuteur, le curateur qui entre en fonctions doit fournir la caution *rem pupilli vel minoris salvam fore*, c'était une promesse garantie par des fidéjusseurs. Il avait en outre obligation de faire inventaire.

Entre ces deux obligations il existait une très grande différence, en effet, l'obligation de faire inventaire était toujours exigée, celle, au contraire, de fournir la caution *rem minoris salvam fore* ne leur était imposée que dans certains cas (1).

Une fois ces obligations remplies, le curateur prenait en mains l'administration du patrimoine du mineur, nous allons examiner quels étaient ses pouvoirs, et en quoi ils différaient de ceux du tuteur.

Le curateur pouvait, comme le tuteur, faire seul les actes intéressant le mineur, c'est-à-dire, *negotia gerere*, nous trouvons la preuve de ce que nous avançons dans la L. I, §§ 3 et 4 D, *de adm. et peric. tut.*, (26, 7) où le jurisconsulte Ulpien, mettant sur la même ligne le tuteur et le curateur, autorise les tiers qui veulent obtenir un jugement contre un mineur ou un pupille, à employer à leur choix l'un des deux moyens suivants : ou bien intenter directement l'action contre les tuteurs ou cura-

(1) Gaïus, *Comm.* I, §§ 199,200, et d. l. I, § 8, D, *Rem pupill. vel adolesc. salv. fore* (46,6).

teurs, ou bien de poursuivre le pupille ou le mineur, le § 4 de notre loi lui reconnaît également le droit de poursuivre directement les débiteurs du pupille ou du mineur.

Nous pouvons fournir à l'appui de cette opinion un dernier argument, qui suffirait à lui seul pour faire adopter notre doctrine, c'est que le sénatus-consulte rendu sur la proposition de Septime Sévère, qui interdit la vente des biens ruraux ou suburbains du mineur, sans un décret du magistrat, ne parle que des aliénations faites par les tuteurs ou curateurs (1).

Dans tous les textes que nous venons de citer les curateurs sont assimilés aux tuteurs, nous pouvons donc affirmer que la *negotiorum gestio*, du tuteur et celle du curateur étaient absolument identiques sauf toutefois au point de vue de l'action par laquelle on leur demandait compte de leur gestion.

Mais les tuteurs et curateurs ont une autre fonction, qui consiste à habiliter le pupille ou le mineur à faire lui-même les actes intéressant son patrimoine; nous voulons parler de l'*auctoritas tutoris*, et *consensus curatoris*; nous allons rapidement établir une comparaison entre ces deux pouvoirs qui sont séparés par des différences très considérables.

L'*auctoritas tutoris* est un acte solennel qui doit être

____

(1) Voy. Ulp., l. 1, Pr. et § 1, D, *De reb. cor.* (27.0).

fait dans les termes réglés par la loi, et qui doit intervenir au moment même de l'acte; le *consensus curatoris*, au contraire, peut être donné d'une façon quelconque et même n'intervenir qu'après coup.

De plus, l'*auctoritas tutoris* est destinée à habiliter une personne qui, en droit civil, est tout à fait incapable, si donc, le pupille fait un acte *sine auctoritate tutoris*, il n'a fait qu'un acte destitué de tout effet civil qui ne peut l'obliger que naturell. ment, *in quantum locupletior factus est* (1) le *consensus curatoris* au contraire, n'est qu'une précaution destinée à empêcher un indivividu capable en droit civil de compromettre son patrimoine par suite de son inexpérience; l'absence de cette formalité, ne pourrait donc pas entraîner la nullité de l'acte, mais seulement donner ouverture à l'*in integrum restitutio*.

4° *Des causes qui font cesser la curatelle.*

Nous allons passer en revue les causes qui font cesser la curatelle, soit *a parte curatoris*, soit *a parte minoris*. Nous rencontrons encore en cette matière une très grande analogie entre la tutelle et la curatelle.

En effet, les événements qui font cesser la tutelle *a parte tutoris*, font également cesser la curatelle *a parte*

----

(1) Nous verrons plus loin si le mineur ne peut pas être obligé naturellement, même en l'absence de tout enrichissement.

curatoris, seulement nous rencontrons une différence qui tient à ce que le pupille est tout-à-fait incapable, tandis que le mineur est capable; cette différence est relative au *crimen suspecti:* le *crimen suspecti* est une action *quasi publica,* c'est-à-dire une action que tout le monde peut intenter, même une femme, à condition d'y avoir au moins un intérêt d'affection; seul, le pupille ne peut l'exercer contre son tuteur. Le mineur, au contraire, peut intenter le *crimen suspecti* contre son curateur, mais quoique capable en droit civil on ne lui permet d'intenter cette action, qu'à condition de prendre . conseil de ses proches parents (1), car on se méfie de son jugement.

Parmi les causes de cessation de curatelle à *parte minoris,* nous en trouvons une qui ne se rencontre pas au nombre de celles qui font cesser la tutelle *a parte pupilli,* nous voulons parler de la *venia ætatis* dont nous allons dire ici quelques mots (2).

Lorsqu'un mineur de 25 ans voulait se soustraire à la curatelle et prendre l'administration de ses biens, il pouvait, en s'adressant à l'empereur, obtenir le bénéfice appelé *venia ætatis,* qui le faisait considérer comme majeur à tous égards; sauf toutefois relativement au

---

(1) Inst., liv. 1, tit. xxvi, § § 3 et 4, L. 7. Pr. D. *de suspect. tut. vel curat.* (26·10) et L. 6, *in fine* C. eod. (5-43).

(2) L. 2, C. *de his qui ven. ætatis.* (2-45) 3, 1. 3, C. eod.

sénatus-consulte rendu sur la proposition de Septime Sévère, auquel il restait soumis jusqu'à l'achèvement de sa vingt-cinquième année (1).

Pour obtenir la *venia ætatis* il fallait remplir deux conditions : il fallait d'abord être âgé de 20 ans ou de 18 ans suivant le sexe; la seconde condition était que le mineur pût prouver qu'il menait une conduite régulière et qu'il était capable d'administrer son patrimoine. L'empereur seul (2) pouvait accorder la *venia ætatis*, et c'est à tort qu'Heineccius prétend [add. ad vinnium (I. 23)], que ce privilége pouvait être concédé également par la *curia provincialis* et par les *judices ordinarii*.

Une fois que le mineur avait obtenu de sortir de la curatelle, il ne pouvait plus être restitué *in integrum* contre les actes qui lui étaient préjudiciables; mais, s'il venait à s'apercevoir qu'il n'était pas encore suffisamment capable, il pouvait demander à l'empereur de le restituer *in integrum* contre la *venia ætatis*; c'est au moins ce que pense M. de Savigny, car, dit-il, au moment où le mineur a sollicité le décret qui le rendait ca-

---

(1) Voët *ad Pand.*, liv. 4, tit. IV, § 16, admet que l'empereur seul pouvait accorder la *venia ætatis*. le rôle du magistrat romain, consistait simplement à faire l'enquête sur la moralité et la capacité du mineur et à en transmettre le résultat à l'empereur, les textes qui traitent cette matière, notamment les L. 2, § 2, C. *de his qui ven.* (2. 45), paraissent soutenir cette opinion.

(2) L. 1 C. *de his qui ven. ætat.* (2-45).

pable, il était encore mineur et incapable, et par suite, il n'avait pas perdu le droit de recourir à l'*in integrum restitutio*.

5° *Des actions auxquelles la curatelle donne naissance.*

La tutelle étant une création de la loi des XII Tables, il exista dès l'origine des actions *tutelæ directa et contraria* qui permettaient au pupille de demander des comptes au tuteur, et au tuteur de se faire rembourser par son pupille les avances qu'il aurait pu faire. Quand la curatelle des mineurs de 25 ans eût été instituée, il fallut la munir d'actions *directa et contraria*, à l'image de la tutelle; mais on ne voulut pas en créer de nouvelles, on voulut appliquer à la curatelle, *utilitatis causa*, des actions existant déjà et résultant d'une cause ayant quelque analogie avec la curatelle. Les actions résultant de la gestion d'affaires étaient celles qui se prêtaient le mieux au rôle qu'on voulait leur faire jouer, néanmoins. L'analogie entre la curatelle et la gestion d'affaires n'étant pas complète, puisque le caractère distinctif de la gestion d'affaires, l'immixtion volontaire dans les affaires d'autrui, manquait absolument dans la curatelle, ce ne fut qu'à l'état d'actions utiles que l'on donna au mineur et à son curateur les actions *negotiorum gestorum directa et contrario*.

Avant d'abandonner ce sujet, notons encore une diffé-

ronce entre le pupille et le mineur; le mineur pouvait
intenter l'action *negotiorum gestorum directa* contre son
curateur, même avant la fin de la curatelle; le pupille,
au contraire, ne pouvait exercer son action *tutelæ directa*
qu'une fois devenu pubère; c'est ce que nous voyons dans
la l. 16, § 1 D. *de tut. et rat. dixtrah.* (27. 3); la différence
que nous venons de signaler provient encore de ce fait,
qu'en droit civil le pupille est tout-à-fait incapable,
tandis qu'au contraire le mineur de 25 ans est capable.

L'action *negotiorum gestorum directa utilis* donnée au
mineur était garantie par les mêmes priviléges que l'action *tutelæ directa* (1) l. 15 § 1 D. *de curat. fur.* (27. 10).

Le mineur avait encore deux autres actions qu'il pouvait employer dans le cas, où, par suite de l'insolvabilité
complète du curateur, l'action *negotiorum gestorum directa* ne lui donnait pas satisfaction; nous voulons parler
d'abord de l'action *ex stipulatu* contre les fidéjusseurs
qui avaient promis *rem pupilli salvam fore* (1), et ensuite

. (1) L'action *tutelæ directa* fut à l'origine garantie par un
privilége à l'encontre des créanciers chirographaires, c'est
ce qu'on exprimait en disant que l'action *tutelæ directa* était
privilégiée *inter personales actiones*, [L.L. 22 et 25, D. *de tut.
et ration. distrah* (27-3)]. Ce privilége ne fut pas jugé suffisant,
et Constantin créa une hypothèque tacite qui prenait naissance le jour même où commençait la tutelle, L. 20, C.
deadm. tut. vel curat. (5-37) et L. 5, C. *de legit: tut.* (5-30),
ce qui fut plus tard étendu par analogie à la restitution de la
dot. L. 1, § 1, C. *de rei uxoriæ act.* (5-14).

(2) Le mineur pouvait également intenter l'action *ex stipulatu* contre le curateur lui-même, puisque ce dernier avait

do l'action *subsidiaria* montionnée par la loi 9 D. *de magistrat. conv.* (27. 8) qui était donnée contre les magistrats qui avaient négligé de recevoir des cautions ou qui avaient accepté des cautions insolvables ; cette disposition était contenue dans un sénatus-consulte rendu à l'époque de Trajan. [Loi 5 C. *de magist. conv.* (5. 75)].

Nous venons d'étudier, dans les paragraphes qui précèdent, l'organisation de la curatelle ; nous avons vu que, sauf quatre exceptions, les mineurs de 25 ans n'avaient de curateurs que s'ils en demandaient ; de là deux classes de mineurs bien distinctes : 1° ceux qui étaient munis de curateurs ; 2° ceux qui n'en étaient pas munis ; nous allons, dans les paragraphes qui suivent, examiner les différences qui existent entre là capacité de ces deux classes de personnes.

V.

CAPACITÉ DES MINEURS DE 25 ANS.

1° Mineurs de 25 ans qui n'ont point de curateurs.

Les mineurs qui ne se sont point fait nommer de curateurs, se sont, jugés par là même, capables d'administrer

personnellement promis *rem minoris salvam fore*, mais le mineur ne se servait jamais de cette action contre son curateur, parce qu'elle n'était pas privilégiée, et que si l'action *negotiorum gestorum* n'avait rien produit, celle-là no produirait pas davantage ; de plus, s'il intentait l'action *ex stipulatu* contre son curateur, il perdait l'action contre les fidéjusseurs.

leur patrimoine ; ils conservent donc intacte la capacité que leur conférait le droit civil ; ils peuvent faire seuls tous les actes, et s'ils sont lésés, ils peuvent recourir à *la restitutio in integrum* qui, comme nous l'avons vu, avait de très-graves inconvénients, et portait une atteinte considérable au crédit des mineurs.

Dès que la *restitutio in integrum* avait été prononcée, les créanciers ne pouvaient plus intenter d'action civile contre le mineur, mais le mineur n'était-il pas obligé naturellement , même en l'absence de tout enrichissement? car, personne ne doute qu'en cas d'enrichissement le mineur ne soit tenu *quatenus locupletior factus est*. (1) Nous n'hésitons pas à nous prononcer pour l'affirmative : la capacité des mineurs de 25 ans est supérieure à celle du pupille qui s'oblige *sine tutoris auctoritate*. Certains auteurs admettent que dans ce cas, le pupille reste obligé naturellement en l'absence de tout enrichissement. (2)

(1) Pour prouver qu'un mineur de XXV ans reste obligé naturellement après l'intervention de l'*in integrum restitutio*, nous pouvons dire que l'on maintenait l'obligation des débiteurs accessoires qui s'étaient engagés pour le mineur de XXV ans, et nous savons que pour qu'une obligation accessoire soit valable, il faut qu'il existe une obligation principale valable au moins naturellement.

(2) Il n'entre pas dans notre plan de développer complétement la question de savoir si le pupille qui s'oblige *sine tutoris auctoritate* est obligé naturellement même en l'absence de tout enrichissement, mais, la question est trop controversée, pour que nous nous dispensions d'en dire quelques mots. Les textes contenus au Digeste qui sont relatifs à cette ques-

Nous devons donc *à fortiori* admettre la même solution pour le mineur de 25 ans.

tion, sont contradictoires. D'une part nous trouvons deux textes; l'un l. 41 D. de *condict. indeb.* (12. 6.) de Nératius, l'autre, l. 59 D. *de obl. et act.* (44. 7.) de Licinius Rufus décident que le pupille qui a emprunté de l'argent *sine tutoris auctoritate* n'est pas même obligé naturellement; d'autre part, des textes des jurisconsultes, dont l'opinion est considérable, paraissent pencher pour la doctrine contraire. [Papinian. l. 95, § 2, D. *de solut. et liberat.* (44. 3.) et l. 25 *quando dies legat. ced.* (36. 2.) et Paul l. 21 pr. D. *ad legem falcid.* (35. 2.)]. Plusieurs opinions se sont formées sur ce point, la première qui pendant longtemps a été admise est celle donnée par Doneau; sur la loi 127 *de verb. obl.* (45. 1), elle consiste à dire : que pour savoir si un mineur qui a contracté *sine tutoris auctoritate* est obligé même en l'absence de tout enrichissement, il faut distinguer si le mineur est *infantiæ proximus* ou *pubertati proximus*; dans le premier cas, il n'y aurait pas d'obligation naturelle; tandis qu'au contraire il y en aurait une dans le second.

Suivant ce jurisconsulte les textes qui décident qu'il n'y a pas d'obligation naturelle, supposeraient des pupilles *infantiæ proximi*, les autres textes au contraire supposeraient des pupilles *pubertati proximi*. Cette opinion doit être rejetée parce que cette explication nous paraît purement divinatoire, et que la distinction entre les pupilles *infantiæ* ou *pubertati proximi* n'a jamais été faite que lorsqu'il s'agissait de savoir si leur dol leur était oui ou non imputable. Une deuxième opinion encore plus bizarre a été émise par Vinnius : suivant cet auteur l'obligation ne pouvait atteindre le pupille, mais après sa mort elle atteindrait ses héritiers et pourrait même pendant la vie du pupille être invoquée contre les personnes qui avaient accédé à son obligation; nous n'admettons pas non plus cette opinion. Enfin Cujas [sur la loi 127 *de verb. obl.* (45.1) Paris, 1663, tome I, p. 1278] n'admet pas qu'il y ait d'obligation naturelle, lorsque le mineur ne s'est pas enrichi.

M. Machelard, au contraire, pense que le pupille qui s'est obligé *sine tutoris auctoritate*, est obligé, naturellement, même s'il ne s'est pas enrichi; il en tire la preuve des diffé-

2° *Mineurs pourvus de curateurs.*

Si, au contraire, le mineur s'est fait nommer un curateur, c'est qu'il se juge incapable de s'occuper seul de la gestion de ses affaires ; on a discuté longuement sur le point de savoir quel était au juste sa capacité. Le mineur pourvu d'un curateur s'était-il interdit d'agir seul désormais ; ou bien pouvait-il encore traiter seul, sans qu'il en résultât d'autre conséquence, que l'intervention de la *restitio in integrun ?* C'est ce que nous allons examiner.

La discussion de cette question repose sur les textes suivants : L. 101 D. de *verb. obl.* (45.1) où le jurisconsulte Modestin s'exprime en ces termes : « *Puberes sine « curatoribus suis possunt ex stipulatu obligari.* » Le second texte au contraire, qui est la loi 3 C. *de in integr. restit.* (2.22) est ainsi conçu : « *Si curatorem habens « minor quinque et viginti annis, post pupillarem ætatem*

rents textes que nous avons cités plus haut, et notamment de la loi 127 *de verb. obl.* (4. 51) qui décide que l'engagement du fidéjusseur qui a accédé à l'obligation contractée par le pupille *sine tutoris auctoritate,* est valable ; or, rien dans le texte ne nous autorise à limiter la solution que donne Scœvola au cas où il y aurait ou enrichissement. Du reste, cette obligation naturelle sera sans danger pour le pupille, car M. Machelard admet qu'on ne pourra la faire valoir contre lui, ni par voie de compensation, ni par voie de rétention, ou d'exception, il faut pour qu'elle produise son effet, qu'il y ait une exécution volontaire, faite par le pupille autorisé de son tuteur, ou par le pupille devenu majeur et capable. Toutefois, ces ménagements ne seront pas observés à l'égard des codébiteurs accessoires du pupille ; on fera valoir contre eux l'obligation naturelle par tous les moyens possibles.

« *res vendidisti, hunc contractum servari non oportet :*
« *cùm non absimilis esse videatur minor curatorem*
« *habens, cui a prætore curatore dato bonis interdictum*
« *est. Si vero sine curatore constitutus, contractum fecisti,*
« *implorare in integrum restitutionem si necdum tem-*
« *pora præstituta excesserint, causa cognita non prohi-*
» *beris.* » On a essayé différents moyens de concilier ces
deux textes qui sont, comme il est facile de le voir, complétement opposés ; certains auteurs ont essayé d'altérer
le texte, en substituant dans la L. 101 *de verb. obl.*
obligare à *obligari* , ce qui ferait dire au texte que le
mineur peut obliger envers lui sans le consentement de
son curateur, chose tellement évidente, qu'il eût été
presque naïf de le dire ; d'autres, au nombre desquels se
trouve Doneau, employaient un moyen plus radical et
plus arbitraire, et que nous ne pouvons nous décider à
admettre ; ce moyen consistait à introduire une négation.
Le texte devenait alors : « *Puberes sine curatoribus suis*
« *(non) possunt ex stipulatu obligari.* »

Une autre explication a été donnée par Vinnius (1) :
elle consiste à dire que, d'après ce texte, le mineur de
vingt-cinq ans, à la différence du pupille, peut s'obliger,
encore que son curateur ne soit point présent au moment de l'acte, parce que le *consensus curatoris,* différent

(1) Vinnius *ad Inst.* sur le titre : *De inutilibus stipulationi-*
bus, liv. 3, tit. XIX, § 9.

en cela de l'*auctoritas tutoris*, n'est pas forcément concomitant à l'acte, et peut n'intervenir qu'après, ou être donné avant.

Cette inteprétation ne doit pas être admise. En effet, rien dans la loi 101, *De verb. obligationibus*, ne peut nous faire supposer que l'intention de Modestin était d'établir une différence entre le *Consensus curatoris* et l'*auctoritas tutoris*. De plus, d'autres textes du Digeste, dont nous reparlerons un peu plus loin, nous démontrent clairement qu'à l'époque classique, le mineur pouvait s'obliger sans le consentement de son curateur (1).

Il nous reste à exposer l'explication déjà donnée par Cujas sur la loi 101, *De verb. obl.*, et qui, de nos jours, a été reproduite par M. de Savigny et M. Wangerow. Suivant ces auteurs, le mineur peut contracter seul des obligations (l. 101, *De verb. obl.*); il ne peut, au contraire faire sans l'assistance de son curacteur un acte emportant aliénation (l. 3, C. *de in integ. rest.*). Cette explication ne nous paraît pas plus acceptable que les précédentes; car si le pubère mineur de vingt-cinq ans pouvait s'obliger sans le consentement de son curateur, il devait pouvoir vendre, puisque la vente, en droit romain, ne faisait que produire des obligations; le rescrit parlant de vente prévoit donc exactement la même hypothèse que la loi 101, *De verb. obl.*, qui parle d'obligation. Il

(1) Gaïus, l. 141, § 2, D, *De verb. obl.* (45.1). Paul, L. 43, D, *De obl. et act.* (44.7).

est à supposer que si les empereurs Dioclétien et Maximien avaient voulu défendre aux mineurs de faire des actes d'aliénation, ils se seraient servi des mots : *tradidisti* ou *mancipavisti*, et non du mot *vendidisti*. De plus, la fin du rescrit ruine complétement l'opinion que nous attaquons; en effet, les empereurs Dioclétien et Maximien comparent, dans la dernière phrase, le mineur pourvu d'un curateur au prodigue interdit : « *Cum non* » *absimilis esse videatur minor curatorem habens, cui à* » *prætore curatore dato bonis interdictum est.* » Or, le prodigue ne peut pas plus s'obliger que consentir une aliénation; il faut donc conclure que le rescrit dont nous parlons défend également au mineur de vingt-cinq ans muni d'un curateur de s'obliger sans le consentement de ce dernier.

Dans l'impossibilité de concilier ces deux textes, il faut nous résigner à constater leur antinomie, et admettre, avec un grand nombre d'auteurs (1) que, jusqu'à la fin de l'époque classique, le mineur même muni d'un curateur pouvait s'obliger sans le consentement de ce dernier. Nous en trouvons la preuve dans un texte de Paul [l. 43, D. *De obl. et act.* (44.7) : « *Obligari potest pater* » *familias, suæ potestatis, pubes, compos mentis.* » Dans un texte de Gaïus [l. 141, D., *De verb. obl.* (45.1] : « *Pu-*

____

(1) Citons, entre autres : M. Machelard, Obl. nat., p. 263 ; Demangeat, *Cours de Droit romain*, p. 395; Accarias, *Précis de Droit romain*, tome 1, p. 373 et 374, et la note.

» bes vero qui in potestate est, proinde ac si pater fami-
» lias, obligari solet. » Et enfin par le texte de Modestin,
(l. 101, D., *De verb. obligat.*), dont nous avons parlé
tant de fois. Dioclétien et Maximien, au contraire,
posent dans leur rescrit une règle nouvelle qui découle
logiquement des modifications apportées successivement
à la condition du mineur de vingt-cinq ans. En effet, du
moment où on admettait que certains mineurs se fissent
nommer des curateurs, s'ils ne se jugeaient pas suffisamment capables, il n'y avait qu'un pas à faire pour déclarer incapables ceux qui avaient usé de la faculté que leur
donnait la loi; c'est ce que fit le rescrit dont il vient
d'être question, en constatant la pleine capacité du mineur non pourvu de curateur, et en assimilant, au contraire, au prodigue interdit celui qui s'en était fait nommer un (1).

VI

MODIFICATIONS INTRODUITES DANS CETTE MATIÈRE
ENTRE LA CONSTITUTION
DE MARC-AURÈLE ET L'ÉPOQUE DE JUSTINIEN.

Deux actes législatifs sont encore venus modifier la
capacité de mineur de 25 ans dans la période qui sépare

---

(1) Les mêmes empereurs, dans une constitution qui forme
la loi 2 C, *Qui legit pers.* (3.6), exigent également le consentement du curateur, lorsque le mineur veut intenter une action ou y défendre.

la constitution de Marc-Aurèle, de l'époque des réformes de Justinien. Nous voulons parler d'abord du sénatus-consulte qui fut rendu sur la proposition de Septime-Sévère. Nous trouvons dans la l. 1 § 1 D *de reb. cor.* (27.9) non pas la teneur du sénatus-consulte, mais l'*oratio principis*; d'après cela nous pouvons savoir quelles étaient les dispositions contenues dans le sénatus-consulte. Il défendait d'abord aux tuteurs et curateurs, d'aliéner des *prædia rustica vel suburbana* appartenant à des mineurs; ce principe une fois posé, il y apportait les exceptions suivantes : exceptionnellement, les tuteurs et curateurs pourront obtenir un décret du préteur ou du Président de la province, pour les autoriser à aliéner des biens de cette nature, lorsque le mineur a des dettes à payer et qu'il n'y a aucun autre moyen de se procurer de l'argent (1). Les *prædia rustica et suburbana* pouvaient encore être aliénés, mais cette fois sans qu'il soit nécessaire d'obtenir un décret de préteur, si le père du mineur en avait autorisé l'aliénation dans son testament ou dans un codicille; lorsqu'ils étaient entrés dans le patrimoine du mineur grevé d'un droit de gage ou d'hypothèque du chef d'un précédent propriétaire, et en dernier lieu, lorsque les immeubles étaient indivis entre le pupille et un majeur de 25 ans (2), cette dernière exception fut

(1) L. 5, §§ 9, 11, 14, D, *De reb. eorum* (27.8).
(2) L. 17, C., *De præd. et aliis reb.* (5.71).

étendue par la jurisprudence à tous les cas, où l'aliénation était rendue nécessaire par une cause quelconque (1).

De plus on assimila de bonne heure aux aliénations tout contrat de gage d'hypothèque ou de constitution de servitude, et on étendit aux pupilles et aux mineurs eux-mêmes, la prohibition du sénatus-consulte qui ne s'appliquait qu'aux tuteurs et aux curateurs, parce qu'il parut peu logique de permettre aux mineurs seuls ou assistés de leurs curateurs, de faire des actes qui étaient interdits à ces derniers.

Constantin alla plus loin et dans une constitution qui forme la l. 22 C *de adm. tut.* (5. 37) étendit la prohibition du sénatus-consulte dont nous venons de parler à la vente des *prædia urbana* et des meubles précieux. Nous avons vu plus haut que la *venia ætatis* qui assimilait les mineurs de 25 ans aux majeurs, ne les empêchaient pas d'être soumis à la défense du sénatus-consulte de Septime-Sévère et de la constitution de Constantin.

Examinons maintenant quel était le sort des aliénations consenties, contrairement à la prohibition du sénatus-consulte. Etait nulle toute vente qui avait été faite en dehors des exceptions que nous avons mentionnées, il en était de même de la vente faite en vertu

(1) L. 2, §§ 2 et 3, D, *De reb. cor.* (27.8)

d'un décret du préteur, si ce magistrat avait été induit en erreur; le mineur ne perdait pas la propriété de son immeuble et pouvait intenter contre tout tiers détenteur une action en revendication (1).

(1) L. 5, § 15, D, *Eod.*

DEUXIÈME PARTIE

RESTITUTIO IN INTEGRUM

Abordons maintenant la seconde partie de cette étude, dans laquelle nous allons traiter de l'*in integrum resti-tutio*; voici l'ordre que nous croyons devoir adopter :

CHAP. Ier. — Nature de la restitution.

CHAP. II. — A quelles personnes et contre quelles personnes le préteur accorde-t-il la restitution ?

CHAP. III. — Des conditions requises pour qu'il y ait lieu à restitution.

CHAP. IV. — Compétence et procédure.

CHAP. V. — Effets de la restitution.

CHAPITRE PREMIER.

Nature de la restitution.

I

La *restitutio in integrum* est une institution qui nous donne une idée parfaite des procédés dont le préteur se servit pour corriger le droit civil; il dut rencontrer dans cette entreprise de nombreuses difficultés, car il se trouvait placé d'une part entre le droit rigoureux, qu'il ne pouvait attaquer de front, et d'autre part, l'équité qui doit toujours tenir sa place dans une législation. Cette tâche, le préteur l'entreprit avec timidité, puis avec plus d'audace, et finit par tomber dans des exagérations qui firent que l'institution dont nous nous occupons, dépassa le but qu'on se proposait, et devint préjudiciable à ceux même qu'elle était destinée à protéger.

Il fallait trouver un moyen terme entre la capacité absolue du mineur de vingt-cinq ans, qui le laissait exposé à de très grands dangers, et des mesures de protection trop énergiques qui devaient infailliblement isoler le mineur; c'est ce juste milieu que le préteur ne sut pas trouver.

II

La *restitutio in integrum* n'était pas une action, et

M. de Savigny, dans son traité de Droit romain, nous en donne une définition qui fait ressortir les différences qui la distinguent d'une action.

La *restitutio in integrum*, suivant M. de Savigny, c'est : « le rétablissement d'un état juridique antérieur, « motivé par une opposition entre l'équité et le droit « rigoureux, et opéré par la puissance du préteur qui « change avec connaissance de cause un droit réelle- « ment acquis (1), » tandis que l'action, au contraire, à pour but de mettre l'état de fait en conformité avec l'état de droit (2).

La *restitutio in integrum* n'était pas, on le sait, réservée aux mineurs, le préteur pouvait l'employer, dans tous les cas, où il y avait intérêt à rétablir un état de droit antérieur, en cas de violence, de dol par exemple.

Mais, la restitution des mineurs de vingt-cinq ans, avait cela de particulier que le fait de la minorité, indépendamment de toute lésion, ne suffisait pas pour y donner ouverture. En effet, le fait qu'une personne a fait un acte, étant mineure ne peut point constituer juridique-

(1) M. de Savigny, *Droit romain*, trad. de Guenoux, liv. 2, chap. IV, § 316, voy. *sent.* Paul, lib. 1, tit. VII, § 1.

(2) Nous trouvons cette idée que la restitution n'est point une action exposée dans un texte de Paul, 1. 24, § 5, D *de min.* (4. 4.) « *Ex hoc edicto nulla proprie actio vel cautio pro-* « *ficiscitur; totum enim hoc pendet ex prætoris cognitione.* » Voy. le développement de cette idée dans G. Noodt. *ad lib.* IV, *Pandectarum.*

ment une présomption de lésion (1), tandis que si la *restitutio in integrum* est demandée pour dol ou violence, et que le dol ou la violence soient prouvés, il y aura une forte présomption que l'acte attaqué était défectueux.

La *restitutio in integrum* prit place dans l'édit à une époque qu'il est difficile de déterminer. Voici comment le préteur y promettait son concours : « *Quod cum minore* « *quam vigentiquinque annis natu gestum esse dicetur, uti-* « *queque rescit animadvertam.* » Cette partie de l'édit nous est rapporté par Ulpien dans la l. 1, § 1 D. *de min.* (4.4). Nous voyons dans la formule même dont se sert le préteur, qu'il entendait se réserver, dans les affaires concernant les mineurs, un bien plus grand pouvoir d'appréciation que dans les autres cas où il y avait lieu à restitution (2).

(1) C'est ce qui nous est dit par Ulpien, l. 44 *D de min.* 4. 4.) « *Non omnia quæ minores vigintiquinque annis gerunt* « *irrita sunt; sed ea tantum quæ causa cognita ejusmodi de-* « *prehensa sunt : vel ab aliis circumventi, vel sua facilitate de-* « *cepti, aut quod habuerint amiserunt : aut quod adquirere* « *emolumentum potuerunt, omiserunt; aut oneri quod susci-* « *pere licuit, se obligaverunt.* » Ajoutons à cela Paul l. 24, § 1, D cod. et l. 11. § 3, cod. Il est dès lors facile de comprendre le brocard : « *Restituitur non tanquam minor sed* « *tanquam læsus.* »

(2) Il est facile de s'assurer du fait que nous avançons en comparant entre eux les différents passages de l'édit où le préteur pose le principe des différentes *in integrum restitutiones*, cette comparaison peut également nous montrer dans quel ordre ces *restitutiones* sortirent du domaine des voies extraordinaires pour entrer dans celui des *communia auxilia*.

Revenons maintenant à l'édit du préteur, nous voyons:

Le but de la restitution pour cause de minorité fut à l'origine de réparer les fautes que le mineur avait pu commettre par suite de la faiblesse de son jugement, mais on l'étendit bientôt aux impubères, non pas pour les protéger contre les actes faits *sine auctoritate tutoris*, car ils étaient nuls de plein droit, mais pour les actes faits par les tuteurs, puis en dernier lieu on l'accorda pour les actes faits par le curateur seul, ou pour ceux que le mineur faisait avec l'assistance de ce dernier. Notons toutefois que, pour qu'un pupille ou un mineur obtînt la restitution dans ces conditions, il fallait qu'il y eût négligence des tuteurs et curateurs, et non pas seulement que les pupilles ou les mineurs eussent éprouvé un préjudice purement accidentel (1).

On peut se demander comment les Romains avaient pu confier à un magistrat une puissance qui équivalait presque à la puissance législative; mais, en réfléchissant au caractère de la magistrature romaine, on voit que c'était sans danger; le préteur ne restait en fonctions

1. 1, *quod metus causa*. « *Quod metus causa gestum erit, ratum* « *non habebo,* » l. 1, § 1, D. *de dolo malo*. « *quæ dolo malo facta* « *esse dicentur, si de his rebus alia actio non erit, et justam* « *causam esse videbitur, judicium dabo* » et enfin dans la loi 1, § 1, *de min.*, la phrase que nous venons de citer ci-dessus.

(1) Nous verrons plus loin que dans le cas où le mineur pouvait être indemnisé par l'action *negotiorum gestorum* (en cas de solvabilité, de son curateur), il pouvait néanmoins demander l'*in integrum restitutio*, toutes les fois que cela lui était plus avantageux.

qu'une année, et, lorsqu'il sortait de charge, il était sous le coup d'une accusation publique s'il avait abusé de son pouvoir; d'autre part, même pendant la durée de ses fonctions, il ne pouvait se montrer par trop novateur, car les tribuns du peuple pouvaient au moyen de leur *veto*, tenir en échec la puissance prétorienne (1); il est donc probable, que le rôle de préteur, particulièrement dans les matières qui nous occupent, a surtout consisté à donner une forme législative à des changements qui étaient devenus nécessaires et qui étaient conformes à l'opinion publique.

CHAPITRE II

A quelles personnes et contre quelles personnes le préteur accordait-il l'*in integrum restitutio*, à raison de la minorité ?

I. — *A quelles personnes le préteur accordait-il « l'in integrum restitutio ? »*

Le préteur accordait la *restitutio in integrum* au mineur de 25 ans ; la première condition était donc de

---

(1) Nous pouvons ajouter que sous les empereurs la restitution présentait encore moins de dangers ; il est vrai que le nombre des magistrats qui pouvaient l'accorder s'était accru dans une proportion assez considérable, mais quand ils avaient statué, on pouvait attaquer leur décision par un appel à l'empereur.

prouver que, lorsqu'on avait fait l'acte contre lequel on demandait la restitution, on n'avait pas atteint l'âge de 25 ans. Il y avait, en cette matière, une manière de compter l'année, qui n'était point usitée dans les autres cas ; pour le calcul de la majorité, on comptait l'année *a momento in momentum* ; c'est-à-dire qu'un événement était réputé accompli depuis un an, lorsque l'on se trouvait à l'heure même où le fait s'était passé l'année précédente. C'était une exception assez bizarre à la régle, d'après laquelle, à Rome, l'année civile se comptait jour par jour ; nous n'essayerons pas d'expliquer cette anomalie (1).

L'*in integrum restitutio* était accordé au mineur de vingt-cinq ans, *sui juris*, cela ne faisait aucune difficulté, mais la question est un peu plus délicate pour le mineur qui est *in potestate patris*.

En effet, d'une part, le mineur de vingt-cinq ans, fils de famille, n'était pas exposé aux mêmes dangers qu'un mineur ordinaire, et, d'autre part, le père pouvant être tenu à raison des actes de son fils, si le fils obtenait la restitution, elle profiterait au père, et le préteur n'a pas eu l'intention de venir au secours du père, mais seulement au secours du fils (2).

(1) Voy. l. 3, § 3 D. *de min.* (4. 4.), Cujas, *ad.* l. 10, *de usucap.* l. 60 *in fin. ad Trebellianum* (36.1), Savigny, *Droit romain*, liv. II, chap. IV, § 310.

(2) L. 3, § 4 D. *de min.* (4. 4.), voyez cependant un texte de Gaius, l. 17, *eod.* qui semble dire le contraire.

Ces raisons ne sont pas suffisantes pour empêcher d'accorder la restitution au fils de famille, car il peut arriver que l'intérêt seul du mineur soit en jeu, et que, par conséquent, il soit seul à profiter de l'*in integrum restitutio* ; par exemple, lorsque le fils de famille aura fait un acte intéressant son pécule *castrens*, ou bien lorsqu'il a refusé une succession qui devait lui revenir après la mort de son père, ou enfin lorsqu'il a refusé un legs ayant pour objet un *jus militiæ* (1). Mais en est-il de même, lorsque le fils s'est obligé *de peculio* ou *jussu patris* ? La question est extrêmement débattue, car lorsqu'un fils de famille s'est obligé *jussu patris* ou *de peculio*, le père peut être poursuivi *in solidum* par l'action *quod jussu*, et jusqu'à concurrence du pécule par l'action *de peculio* ; de son côté, le fils peut être poursuivi *in solidum* par l'action du contrat, car nous voyons dans la loi 39 *de obl. et act.* (44. 7). « *Filius familias ex omnibus* « *causis tanquam paterfamilias obligatur et ob id agi* « *tanquam cum patrefamilias poterit.* »

Ulpien pense que l'on doit accorder la restitution au fils, mais qu'elle ne doit pas profiter au père (2). Si donc,

______

(1) Ulpien pense qu'il faut accorder au mineur l'*in integrum restitutio* contre les actes qui l'intéressent personnellement : « *Ego autem arbitror verissimam esse sententiam existi-* « *mantium, filium familias, minorem annis in integrum resti-* « *tui posse, ex his solis causis quæ ipsius intersint ; puta si sit* « *obligatus.* »

(2) Ulp., l. 3, § 4, D. *de min.* (4. 4).

la créancier poursuit le fils obligé par ordre de son père, le fils pourra obtenir l'*in integrum restitutio* ; si au contraire, le père est poursuivi, il ne peut obtenir de secours. De même, si le fils obligé sans l'ordre de son père, est poursuvi par le créancier, il pourra se faire restituer. Le père, au contraire, ne le pourrait pas. Mais, dit-on, dans le cas où le père est poursuivi et condamné, c'est en définitive la mineur qui en souffre, car le père, très-probablement, paiera le montant de la condamnation avec le pécule du fils : mais cette considération ne préoccupait pas le jurisconsulte, car le principe est que le fils de famille n'a point de biens. Si le père de famille confie à son fils l'administration d'un pécule, c'est un état de fait, et non pas un état de droit.

Le fils ne sera donc pas lésé, puisque, d'une part, il ne sera pas prononcé de condamnation contre lui, et que, d'autre part, si le père solde le montant de la condamnation avec le pécule de son fils, il n'en résulte pas une lésion pour ce dernier, car le père, au lieu de payer la condamnation avec le pécule, pouvait le supprimer pour une autre raison.

Nous trouvons dans le paragraphe 4 de la loi 3 *de minoribus*, une phrase qui peut faire croire au premier abord qu'il existait une exception à la règle que nous venons de poser, dans le cas où le contrat fait par le fils, *jussu patris*, était un *mutuum*. Ce texte est ainsi conçu :

« *Si igitur filius conveniatur, postulet auxilium : si*
« *patrem conveniat creditor, auxilium cessat excepta*
« *mutui datione : in hanc enim si FILIUS* (1), *jussu patris*
« *mutuam pecuniam accepit, non adjuvatur.* »

On rapproche de ce texte un rescrit de Gordien, qui forme la loi 2, C. *de filio fam. min.* (2, 23).

« *Si frater tuus cum mutuam pecuniam acciperet, in*
« *patris fuit potestate, nec jussu ejus, nec contra senatus-*
« *consultum* (2) *contractum est, propter lubricum' ætatis,*
« *adversus eam cautionem, in integrum restitutionem*
« *potuit postulare.* »

Ce deuxième texte semble confirmer l'exception qui paraît mentionnée dans le premier, c'est du moins ce que concluent certains auteurs, en tirant du second texte un argument *a contrario* que nous n'avons pas besoin de développer.

Cujas (3) admettait que ces deux textes établissaient une exception, et qu'en cas de *mutuum* contracté par un

______

(1) Le mot *filius* n'est pas dans tous les manuscrits du Digeste ; il est omis dans la *Florentine*. [D. Gothofredus, *corp. jur.* l. 3, § 4, *de min.* (4. 1.)] ; il existe, au contraire, dans la *Vulgate*, la leçon de la *Vulgate* est adoptée par M. de Savigny.

(2) *Nec contra senatus-consultum.* Il n'y a guère qu'un cas dans lequel un fils puisse emprunter sans violer le S. C. macédonien, c'est quand i passait pour majeur : « *Si pater-familias publice habebatur.* » Note de D. Gothofred. sur l. 3 § 4. D *de min.*

(3) Cujas, comment. sur la loi 3, § 4, *de min.*

fils de famille, par ordre de son père, le fils ne pouvait pas obtenir l'*in integrum restitutio*; il donnait pour raison qu'il fallait avoir un peu d'indulgence pour les préteurs, qui étaient assez durement traités par le sénatus-consulte macédonien. Cette interprétation de Cujas manquait absolument de logique; en effet, pourquoi refuser au mineur la restitution contre un *mutuum*, acte tout à fait volontaire de la part du créancier; tandis qu'on ne faisait aucune difficulté pour la lui accorder contre un paiement qu'il avait reçu, quoique le payement fût un acte que le débiteur n'avait pu se dispenser de faire. Aussi, déjà critiquée par Ant. Faber (1), elle a été définitivement rejetée par M. de Savigny (2), qui nous a donné, des deux textes dont nous nous occupons, une explication admise aujourd'hui par la plupart des auteurs. Voici, d'après lui, quel serait le sens de la loi 3, § 4 D. *de min.* (4. 4) et de la loi 2 C, *de filio fam. minore* (2, 23) : Ulpien, dans la première de ces deux lois, nous indique que lorsqu'il s'agit d'appliquer la *restitutio in integrum* à un *mutuum*, il y a d'autres règles à suivre que lorsqu'il s'agit de tout autre contrat, ceci n'a pas besoin d'être démontré; il est dès lors évident que le jurisconsulte a eu l'intention d'exprimer, dans la dernière phrase de son texte, une exception au principe

____

(1) Ant. Faber *Rationalia in Pandectas* in l. 3, § 4, D *de min.* (4.4).

(2) Savigny, *Droit romain*, append. 18.

qu'il a posé dans la première : or le premier membre de phrase qui exprime la règle contient ces mots : *Si patrem conveniat creditor, auxilium cessat,* il faut donc, pour que le second membre de phrase exprime une exception au premier, qu'il contienne, non pas les mots *non adjuvatur,* qui sont synonymes de *auxilium cessat,* mais *adjuvatur.* La phrase serait donc celle-ci : « *Si patrem conve-* « *niat creditor, auxilium cessat, excepta mutui datione;* « *in hâc enim si filius NON jussu patris mutuam pecu-* « *niam accepit, adjuvatur.* »

Quoique cette correction ne consiste que dans le déplacement d'une négation, et qu'elle semble commandée par le sens du texte et l'intention du jurisconsulte, elle peut paraître un peu hardie ; dans ce cas, on pourrait se contenter d'ajouter *nonnisi* aux mots *si filius jussu patris...* *accepit,* ce qui ferait dire au texte : « on ne vient pas au « secours du père actionné pour les actes de son fils, à « moins qu'il ne s'agisse d'un *mutuum,* car alors le père « aura l'exception du sénatus-consulte macédonien, « pourvu que le fils n'ait point emprunté par ordre de son « père. »

Quant à la loi 2 au code *de filiofam. minore,* elle ne contredit pas l'explication que nous venons de donner.

En effet, les adversaires de notre système tirent de ce texte l'argument *à contrario* suivant : le texte disant que la restitution est possible quand le fils de famille a contracté un *mutuum* sans l'ordre de son père, et sans contrevenir à la prohibition du sénatus-consulte macédonien, il en résulte que s'il a contracté par ordre de son père ou contrairement au sénatus-consulte, la restitution n'est pas possible.

Nous ne partageons pas ces avis ; d'abord l'argument qu'on nous oppose est un argument à *contrario*, et les arguments de ce genre, qui ont une très grande force quand il s'agit de faire rentrer un cas dans la règle générale, sont au contraire mauvais quand ils servent à établir une exception ; notons de plus que cet argument est tiré d'un rescrit, et que les mots *nec jussu patris nec contra senatus-consultum* sont très probablement la répétition de l'exposé de la cause fait à l'empereur, et que, par suite, rien ne nous indique que la solution donnée dans ce rescrit cesserait d'être vraie dans le cas où le prêt aurait eu lieu par l'ordre du père. Nous préférons admettre que l'intention de l'auteur du rescrit a été de dire que lorsqu'un *mutuum* aurait été contracté par un fils sur l'ordre de son père, la restitution serait admise, et qu'elle le serait *fortiori* si le *mutuum* avait été reçu sans l'ordre du père, parce, dans ce dernier cas, il y a plus de chances de lésion (1).

Examinons maintenant si un esclave mineur de vingt-cinq ans peut obtenir le bénéfice de l'*in integrum restitu-*

(1) Cette solution est exposée très-clairement par M. de Savigny dans son traité de *Droit romain*, t. VII, append. 18.

tio. En général, il ne pourra pas l'obtenir : car lorsqu'un esclave contracte, il ne peut naître d'obligation que dans la personne de son maître; donc, pour qu'il y ait lieu à restitution, il faut non pas que l'esclave, mais le maître soit mineur de vingt-cinq ans. Cependant il peut arriver, dans un cas particulier, qu'un esclave mineur de vingt-cinq ans fasse un acte qui lui cause personnellement une lésion, si, par exemple, il a compromis, par sa faute, l'exécution d'un fidéicommis d'où dépendait sa liberté ; dans ce cas particulier, le préteur lui accordait l'*in integrum restitutio* (1).

Le droit à la restitution, une fois né dans la personne du mineur, faisait partie de son patrimoine, et pouvait dès lors passer entre les mains de tous les successeurs universels ou à titre universel, tels que héritier *bonorum possessor*, le père à qui échoit le pécule *castrens*, et enfin le *dominus*, sous le pouvoir duquel passait le mineur. Ces différents successeurs devaient faire leur demande dans le délai légal, qui pouvait néanmoins être prolongé à raison de la minorité du successeur. Nous trouvons ces questions résolues dans les lois 6, D. *de in integr. restit.* (4, 1). L. 18, § 5, et l. 10, *de min.* (4, 4) (2).

Nous trouvons dans la loi 24 D. *de min.* la preuve

(1) Voy. l. 3, § 12, D *de min.* (4.4), l. 4 et l. 5 *cod.*
(2) Voir sur ces différentes lois Ant. Faber, *Rational. in Pandect.*, liv 4, tit. 1 et 4.

que le droit à la restitution pouvait passer même à un successeur particulier du mineur. Voici l'espèce prévue dans le texte : Un mineur a géré l'affaire d'un majeur, et l'a mal gérée, il peut se faire restituer, car il serait personnellement lésé lorsque le *dominus* intenterait contre lui l'action *negotiorum gestorum;* mais si le mineur ne veut pas se faire restituer *in integrum* lorsque le *dominus* l'actionnera, on ne le soustraira pas à l'action *negotiorum gestorum;* mais on le contraindra à céder au *dominus* son droit à la restitution. Cette solution est du reste fort juste, car, sans cela, un mineur pourrait causer un préjudice en s'immisçant dans les affaires du premier venu, et en refusant ensuite de se faire restituer (1).

Abordons maintenant une des questions les plus importantes de cette matière, celle de savoir si la restitution doit profiter aux fidéjusseurs. Lorsqu'un mineur a contracté avec une personne et qu'il a fait accéder des fidéjusseurs à cette obligation, il se trouve tenu de

----

(1) Il est facile de voir que cette solution ne doit pas être appliquée en cas de mandat, car si un majeur a choisi pour mandataire un mineur, il est en faute d'avoir chargé de ses affaires une personne incapable de les gérer; il faudrait même, selon nous, limiter la solution que nous venons de donner au cas où le *dominus*, pour cause d'absence ou pour tout autre motif, aurait été dans l'impossibilité d'empêcher la gestion; car si, pouvant l'empêcher, il ne l'avait pas fait, il devrait être, dans une certaine mesure, responsable de ce qui lui arrive.

deux actions, de l'action du contrat envers le créancier et de l'action *mandati contraria* à l'égard des fidéjusseurs qui ont payé le montant de l'obligation. Lorsque le mineur voudra se faire restituer, il demandera généralement la restitution à la fois contre le créancier et contre le fidéjusseur (1). Cela ne fait pas de doute; mais une fois la restitution prononcée, qui des deux, du créancier ou du fidéjusseur, doit être sacrifié à l'autre ?

On ne peut pas poser de règle générale à cet égard, et nous voyons dans les textes que la restitution profitera quelquefois au fidéjusseur, ainsi par exemple dans la loi 3, § 4 D. *de min.*, Ulpien se demande si l'*in integrum restitutio* profitera au père, *ut solet interdum fidejussori prodesse*. Nous voyons également dans la loi 7, § 1 D. *de except.* (44, 1), que le jurisconsulte Paul nous parle de cette question, sans toutefois nous donner une solution ; en effet, ce texte nous parle des exceptions appartenant au débiteur principal, qui profitent au fidéjusseur, et il nous dit que le fidéjusseur peut opposer l'exception du mineur de vingt-cinq ans *circumscriptus* (exception *legis Plætoriæ*), puis le texte ajoute : « *Quod si deceptus in re, tunc nec ipse habet auxilium, quum restitutus fuerit, nec fidejussori danda est exceptio.* » Comme nous le voyons, le texte nous dit bien que le fidéjusseur ne peut pas invoquer l'*in integrum restitutio*,

____

(1) L. 13. Pr. D. *de min.* (4. 4).

mais il ne nous dit pas s'il peut en profiter une fois qu'elle a été accordée au mineur.

Certains auteurs ont néanmoins voulu poser en règle générale que l'*in integrum restitutio* devait toujours profiter au fidéjusseur, et ils prétendaient en trouver la preuve dans deux textes, qui sont : 1° la loi 89 D. *de adquir. vel. omitt. hered* (41.2), et 2° loi 51, Pr. D *de procurator.* (3.3.)

Le premier de ces textes, qui est de Scœvola, nous dit que si un pupille, après s'être immiscé dans les biens d'une hérédité, obtient la faculté de s'abstenir, les fidéjusseurs qu'il aurait fournis pour les dettes héréditaires seraient déchargés; nous ne pensons pas que ce texte établisse une règle générale; en effet, il parle nécessairement d'un pupille qui s'est immiscé *cum auctoritate tutoris* par conséquent les fidéjusseurs ont cru cautionner l'obligation d'un majeur et n'ont point pensé qu'ils garantissaient les créanciers contre les chances d'une *in integrum restitutio*.

Quant au second texte, il est ainsi conçu : « *Minor* « *XXV annis, si defensor existat ex quibus causis in integrum restitui possit, defensor idoneus non est; quia et « ipsi et fidejussoribus ejus per integrum restitutionem « succurritur.* » Ce texte veut dire simplement que celui qui a plaidé contre un mineur dans les conditions mentionnées par le texte, pourra renouveler son action sans craindre l'exception *rei judicatæ*. Quant aux fidéjusseurs, le texte parle ici de ceux qui avaient fourni la caution *judicatum solvi*, comme ils ont ignoré la minorité, il est juste que la restitution leur profite (1).

De tous les textes que nous venons d'étudier, nous pouvons conclure qu'il fallait dans chaque cas particulier examiner s'il y avait lieu de faire participer le fidéjusseur au bénéfice de la restitution ; en conséquence le préteur, en vertu de son pouvoir discrétionnaire, pouvait décider ce point dans la *causæ cognitio* qui précédait toujours l'*in integrum restitutio* (2) et les faits devaient motiver sa décision à cet égard. Si par exemple le créancier et le fidéjusseur savaient tous les deux que leur débiteur était mineur, n'est-il pas présumable que le fidéjusseur a entendu garantir le créancier, non pas seulement contre l'insolvabilité du débiteur, mais encore contre l'éventualité d'une *in integrum restitutio*, et dans ce cas, comme le dit le texte d'Ulpien, que nous venons de citer (note 2), il serait injuste de sacrifier les intérêts du créancier à ceux du fidéjusseur. Cette solution nous est également donnée par un texte de Paul (Paul *Sent.* liv. I, tit. IX,

______

(1) Voy. M. Machelard, *obl. nat.* page 260.

(2) C'est ce que nous voyons dans le l. 13, Pr. D. *de min.* (4.4) : « *In causæ cognitione versabitur, utrum soli ei « succurrendum sit, an etiam his qui pro eo obligati sunt : ut- « puta fidejussoribus. Itaque, si cùm scirem, minorem, et ei « fidem non haberem, tu fidejussoris pro eo, non æquum fide- « jussori in necem meam subveniri ; sed potius ei deneganda erit « mandati actio. In summo perpendendum erit prætori, cui « potius subveniat, utrum creditori an fidejussori, nam minor « neutri tenebitur.* »

§ 6) « *qui sciens prudensque se pro minore obligaverit, si id* « *consulto consilio fecerit, licet minori succurratur ipsi tamen non succurretur.* » Il pourrait au contraire résulter des faits que le fidéjusseur n'a entendu garantir que l'insolvabilité ; dans ce cas, nul doute que la restitution ne doive lui profiter (1).

Il est bien entendu que si au lieu d'un fidéjusseur il s'agissait d'un *mandator credendæ pecuniæ*, il n'y aurait jamais lieu de se poser la question, car le *mandator credendæ pecuniæ* s'obligeant, avant le débiteur principal, est en quelque sorte l'instigateur du contrat, et par suite il ne pourra se faire dégager sous prétexte qu'il ignorait que le débiteur principal était mineur ; c'est lui que le créancier a eu principalement en vue en contractant ; il est donc de toute justice que la restitution ne lui profite pas (2).

Étudions maintenant la loi 48 D. *de fidejuss. et mandat.* (46, 1) et nous verrons si la solution que le jurisconsulte Papinien nous donne dans ce texte ne peut pas être

(1) Cette hypothèse est prévue par Papinien dans la loi 95, § 3 D. *de solut. et liberat.* (46.3). Dans cette loi, le jurisconsulte suppose un fidéjusseur qui s'engage pour garantir l'obligation d'un mineur de 25 ans, *sine contemplatione juris prætorii ;* C. A. D. Sans avoir l'intention de garantir le créancier contre les chances de *restitutio in integrum ;* voir pour plus de détail sur cette loi, Pellat. *textes choisis,* p. 236, M. Machelard, *Obl. nat.,* D p. 250. Jac. Cujas *comm. in lib.* 28. *Quæstion. Papinian. Op. Post.* Paris, 1663, tome I, p. 740.

(2) L. 3, § 4, D *de min.* (4.4).

expliquée par les principes que nous venons de poser dans les paragraphes précédents.

Papinien nous parle dans le *principium* de cette loi, du cas où un majeur se serait porté fidéjusseur avec une femme, et après avoir décidé qu'il ne doit pas pouvoir invoquer le bénéfice de division, parce qu'il aurait dû savoir que le sénatus-consulte Velléien interdisait à la femme toute espèce d'intercession ; il ajoute les mots suivants :

« *Huic similis illa questio videri potest ; ob œtatem resti-*
» *tuitur unus fidejussor, an alter onus fidejussioris inte-*
» *grum excipere debeat, sed ita demum totum irrogandum*
» *est, si postea minor intercessit, propter incertum œtatis*
» *ac restitutionis.* »

Ce texte a donné lieu à beaucoup de controverses. Godefroy en a donné une interprétation qui a de nos jours été reproduite par M. Machelard (1). Suivant ces deux auteurs, voici le sens du texte : Le jurisconsulte suppose qu'un débiteur a fourni successivement deux fidéjusseurs, l'un majeur de 25 ans, l'autre mineur ; si le fidéjusseur mineur de 25 ans se fait restituer *in integrum*, l'autre devra supporter tout le poids de l'obligation et ne pourra pas invoquer le bénéfice de division, parce que, dit M. Machelard : « L'obligation nouvelle qui vient » s'ajouter à celle du majeur n'est qu'une obligation » incertaine et précaire, par suite de l'âge de celui qui a

(1) M. Machelard, *Obligations naturelles*, 1re partie, § 2, art. 4, p. 240 et suivantes.

» contracté et de la possibilité d'une restitution, *propter*
» *incertum ætatis ac restitutionis.* »

Nous ne pouvons admettre cette interprétation, parce
qu'elle ne donne pas un sens satisfaisant aux mots
propter incertum ætatis ac restitutionis ; en effet, ce n'est
pas parce que le second fidéjusseur est mineur que le
premier doit supporter tout le poids de l'obligation, mais
bien parce que s'étant engagé tout seul il n'a jamais dû
penser qu'il pourrait jouir du bénéfice de division ; d'autre
part, si cette explication était admise, on ne pourrait pas
comprendre pourquoi Papinien aurait commencé le § 1
par ces mots *huic similis illa questio videri potest,* attendu
que la solution que nous venons de développer ne res-
semble en rien à l'espèce prévue dans le principium de
la loi.

Nous préférons nous rallier à l'interprétation donnée
par Cujas (1). Avant de développer cette explication, nous
croyons devoir rappeler que dans le *principium* de la loi qui
nous occupe, Papinien nous dit que lorsqu'un fidéjusseur
s'est engagé avec une femme, le fidéjusseur ne pourra
pas invoquer le bénéfice de division, car il ne devait pas

---

(1) Cujas, *Comment. in lib.* 10, *Quæstion. Papinian.* Op. Post.
tome I, p. 274, C. Une autre interprétation, sur laquelle nous
n'insisteront pas du reste, a été donnée par Ant. Faber, *Con-
jecturæ*, Lyon, 1671, liv. VIII, chap. I, § 4. Cette interprétation
était basée sur une correction que l'on ne peut admettre, en
effet, dans la loi 48 *de fidej.*, Faber lisait : *si post minorem,*
au lieu de : *si postea minor.*

ignorer que le sénatus-consulte Velléien défendait à la femme d'*intercedere pro aliquo*, puis le jurisconsulte continue: « A cette question on peut assimiler la question » suivante : Si de deux fidéjusseurs, l'un s'est fait res- » tituer pour cause de minorité, l'autre doit-il supporter » tout le poids de l'obligation ? Papinien répond : Il faut » admettre que la totalité de l'obligation ne pèsera sur » le fidéjusseur majeur, qu'autant que le mineur se sera » obligé après lui, à cause de l'incertitude qui règne sur » l'âge du mineur et sur l'éventualité de l'*in integrum* » *restitutio.* »

Il est facile de voir que, pour que l'explication de ce texte soit satisfaisante, il faut découvrir une hypothèse qui présente quelque analogie avec celle qui est prévue dans le *principium* et qu'on puisse la motiver par ces mots : *propter incertum ætatis ac restitutionis.*

Nous pensons que ce texte contient deux hypothèses : la première est développée, la seconde est sous-entendue :

1° Le débiteur a fourni à son créancier un fidéjusseur majeur, puis postérieurement un fidéjusseur mineur ; si ce dernier vient à se faire restituer, le fidéjusseur ma-jeur devra supporter tout le poids de l'obligation, car il n'a jamais dû compter sur le bénéfice de division.

2° Hypothèse sous-entendue : deux fidéjusseurs, l'un majeur et l'autre mineur, se sont engagés simultané-ment; si le fidéjusseur mineur se fait restituer, on pour-rait croire, au premier, abord qu'il faut décider que le majeur ne peut pas invoquer le bénéfice de division, comme dans le cas où l'un des fidéjusseurs s'est engagé avec une femme. Mais Papinien n'est pas de cet avis, il pense, au contraire, que le fidéjusseur majeur pourra opposer le bénéfice de division, comme si tous deux étaient majeurs (en effet, le jurisconsulte décidant qu'en cas de fidéjussion successive, le majeur doit tout supporter, il laisse entendre, *a contrario*, que cette résolution ne doit pas être appliquée au cas où les fidéjusseurs se sont obligés simultanément), et la raison de cette décision est que le fidéjusseur pouvait ignorer que celui qui s'engageait avec lui était mineur (1), tandis que dans le cas où un fidéjusseur s'est obligé avec une femme, il ne devait pas ignorer que l'intercession était défendue à cette dernière. On voit que cette explication rend parfaitement raison des mots *huic similis illa questio videri potest*, puisque la seconde hypothèse a beaucoup d'analogie avec celle que Papinien développe dans le *principium*.

Néanmoins, nous avouons que cette interprétation n'est pas entièrement satisfaisante, et nous admettons, avec M. Machelard, qu'il est assez bizarre que le jurisconsulte se soit préoccupé de justifier la solution qu'il sous-entend, et non pas celle qu'il développe, mais elle a, sur celle que nous combattons, l'avantage de donner un sens satisfaisant aux mots *huic similis illa questio videri*

______

(1) *Propter incertum ætatis ac restitutionis.*

polest, et surtout à *propter incertum ætatis ac restitutionis*
qui ne peuvent s'expliquer, si on admet l'interprétation
de Godefroy.

II. — *Contre quelles personnes la* restitutio in integrum *peut-elle être demandée ?*

Quelles sont maintenant les personnes contre qui la
restitutio in integrum ne peut être demandée ? La règle est
que toute personne peut encourir la restitution, sauf
celles à qui une loi a concédé le privilége d'en être
affranchies (1). Notons toutefois que la restitution n'était
pas accordée aux descendants contre les ascendants, ni
aux affranchis contre leurs patrons. Il s'est élevé des questions très délicates sur le point de savoir dans quels cas
précisément la restitution peut être refusée ; nous laissons cette question de côté pour ne pas entrer dans trop
de détails (2). Les ventes faites par le fisc jouissaient
également du privilége de ne pouvoir point être attaquées
par l'*in integrum restitutio*, c'est ce que nous voyons

(1) C'est ce que nous voyons dans la l. 27, § 3, D. *de min.*
(4.4), de plus ce texte nous enseigne que l'on pouvait demander l'*in integrum restitutio*, même contre des personnes qui
n'étaient point soumises à l'action *de dolo malo*. Voy. également Muhlembruck, *doctrina Pandectorum*, § 160. Halle, 1838.

(2) Ces questions sont, du reste, traitées très-complétement
par M. de Savigny, *Droit romain*, tome VII.

dans la L. 5 C. *de fide et jure hast. fisc.* (10, 3) sauf les exceptions relatées dans les L.L. 1 et 3 C *si adv. fiscum* (2.37).

Il peut cependant dans la pratique, se présenter certaines difficultés; par exemple, supposons que le mineur de 25 ans qui demande la restitution, ait contracté avec un autre mineur ayant également le droit de la demander, ou même muni d'une exception; lequel des deux dans ce cas, obtiendra protection contre l'autre? Nous trouvons au Digeste deux textes sur cette matière, le premier qui est une loi d'Upien, L. 11 § 6. D *de min.* nous dit : « *Item quæritur, si minor adversus minorem restitui* « *desiderat, an sit audiendus? et Pomponius simpliciter* « *scribit, non restituendum; puto autem inspiciendum* « *à prætore quis captus sit, proinde si ambo capti sunt,* « *verbi gratia, minor minori pecuniam dedit et ille perdidit;* « *melior est causa secundum Pomponium, ejus qui accepit* « *et perdidit vel dilapidavit.* »

Le second texte (Paul L. 34 Pr. D. *de min.*) s'exprime à peu près dans les mêmes termes : « *Si minor viginti* « *quinque annis filiofamilias minori pecuniam credidit,* « *melior est causa consumentis nisi locupletior ex hoc, inve-* « *niatur litis contestatæ tempore, is qui accepit.* »

Dans le premier texte, nous voyons en présence deux mineurs ayant tous deux droit à l'*in integrum restitutio*; dans le second, au contraire, la *restitutio in integrum* se trouve en conflit avec l'exception *senatusconsulti Macc-*

doniani (1), et les jurisconsultes décident dans ces deux cas, que le débiteur doit être préféré au créancier.

Cujas approuvait la décision de ces jurisconsultes, Ant. Faber (2), au contraire, la critique vivement. On devait se préoccuper, dit-il, de maintenir l'égalité entre les deux mineurs qui ont contracté ensemble, et faire en sorte qu'il n'y ait de lésion ni pour l'un ni pour l'autre ; le moyen d'arriver à ce résultat était tout simplement d'accorder en pareil cas l'*in integrum restitutio* au mineur créancier ; en la lui refusant on crée au profit du débiteur une inégalité qui n'a aucune raison d'être.

Il pouvait arriver, au contraire, que la *restitutio in integrum* primât l'exception *senatusconsulti Macedoniani*, cela se présentait dans un cas cité par Ulpien dans le L. 11 § 7 *de min.* Si un mineur de 25 ans a prêté de l'argent à un fils de famille majeur, ce dernier ne pourra pas opposer l'exception de sénatus-consulte macédonien, car suivant l'avis de Julien et de Marcellus : « *Ut ma-* « *gis ætatis ratio quam senatusconsulti habeatur.* »

Nous allons maintenant examiner si la restitution peut être quelquefois demandée contre des personnes avec qui on n'a pas traité ou pour poser la question en d'autres termes, la *restitutio* est-elle *in rem* ou *in personam* ? (3)

____

(1) Il s'agit bien ici du S. C. *Macédonien*, car la *restitutio in integrum* n'était accordée, comme nous le savons, qu'à défaut de moyen de droit commun.

(2) Ant. Faber, *Rational. in Pandect. lib. IV, tit. IV.*

(3) Cette question est traitée dans un texte d'Ulpien,

En principe, la *restitutio in integrum* est donnée *in personam*, seulement comme elle est destinée à empêcher le mineur d'éprouver une lésion, on l'accorde *in rem* contre les tiers possesseurs, alors qu'une action *in personam* contre celui avec qui le mineur a traité resterait infructueuse. Cela se présente principalement dans deux cas : 1° Lorsque le mineur a vendu un bien à *Primus* qui le revend, et devient ensuite insolvable; 2° quand il y a. pour le mineur grand intérêt à être remis en possession de la chose. Nous trouvons une application dans le § 2 de la loi 13 *de min.* Un mineur de 25 ans vend une chose et la livre à l'acheteur; ce dernier l'aliène de nouveau; de deux choses l'une, ou le premier acheteur est solvable, alors on n'accorde la restitution contre le second acheteur, que si celui-ci a su qu'il achetait une chose venant d'un mineur, ou le premier acheteur est insolvable, et on accorde la restitution contre le second, encore qu'il soit de bonne foi. Cette solution n'est peut-être pas tout à fait équitable, car dans les deux cas le

---

L. 13, § 1, D. *de min.* (4.4) : « *Interdum autem restitutio, et in* « *rem datur minori, id est adversus rei ejus possessorem, licet* « *cum eo non sit contractum. Utputa : rem a minore emisti, et* « *alii vendidisti; potest desiderare interdum adversus possessorem* « *restitui, ne rem suam perdat vel re sua careat; et hoc vel* « *cognitione prætoria vel rescissa alienatione, dato in rem judi-* « *cio.* » Nous voyons, par le mot *interdum* dont se sert le jurisconsulte, que ce n'était que par exception que la *restitutio* était accordée *in rem;* nous reviendrons, du reste, sur ce texte qui renferme les éléments d'une autre controverse.

second acheteur est non-seulement possesseur de bonne foi, mais *verus dominus*; il est bien vrai que, dans le cas où il savait que la chose qu'il achetait venait d'un mineur, on peut lui reprocher d'avoir agi légèrement, en achetant une chose qui pouvait rentrer dans le patrimoine du vendeur par suite de la restitution (1). Mais dans le cas où il a acheté la chose sans savoir qu'elle venait d'un mineur, il est assez difficile d'admettre qu'on puisse accorder la restitution contre lui, quand le premier acheteur est insolvable, car puisqu'il était de bonne foi il n'avait aucune raison de s'inquiéter si le premier acheteur était solvable ou non; nous pensons que la faveur dont jouissaient les mineurs est le seul motif que l'on puisse donner à l'appui de cette solution.

Quant au second cas, lorsque le mineur a un grand intérêt à rentrer en possession de sa chose, nous ne pensons pas qu'il soit nécessaire de le développer.

Nous trouvons dans la l. 9 Pr. D. *de min.* une question dont la solution se rattache à l'ordre d'idées qui nous occupe en ce moment. Un mineur a constitué un gage; ce gage vient à être vendu, et la vente cause une lésion au mineur, pourra-t-il se faire restituer contre cette vente?

Cette question est complexe et renferme deux hypo-

(1) Ce n'est toujours pas un motif suffisant pour donner la restitution contre lui alors que le premier acheteur est solvable.

thèses distinctes que nous allons étudier successivement.
En effet, le gage peut avoir été constitué *ex causa judicati*, ou volontairement.

Lorsque le gage a été constitué *ex causa judicati*
nous pouvons poser en principe qu'il n'y a pas lieu à
restitution, car le mineur ne peut être restitué que quand
il a éprouvé une lésion résultant d'un acte fait par lui-
même ou par son représentant, et dans notre hypothèse,
bien que la vente lui cause une lésion, il n'y a pas été
partie, il n'y a donc aucun fondement sur lequel on puisse
baser une demande en restitution. Cependant s'il y a eu
collusion entre le curateur du mineur et l'acheteur, il
pourra obtenir la restitution, si la lésion est considérable.
Mais alors se pose une question subsidiaire, si le mineur
peut se faire restituer contre la vente de son gage, sera-
t-il remis en possession de la chose, elle-même, ou bien
n'aura-t-il droit qu'à une indemnité ? En général, il ne
recevra que le prix de la chose parce que le préteur ne
veut pas que la crainte de l'*in integrum restitutio* empêche les acquéreurs de se présenter aux ventes publiques, ce qui entraverait l'exécution des jugements,
mais s'il prouve qu'il a un intérêt énorme à être remis
en possession de la chose, on la lui restituera; cette
solution nous est donnée par la loi 1. C. *si advers. vend.
pign.* (2.29) (1).

(1) Voy. sur cette question Voët, *ad Pandectas*, L. 9, *de min.*

Voyons maintenant la seconde partie de cette question ; quelle décision donnerons-nous dans le cas où il s'agit d'un gage conventionnel ? Dans cette question, nous avons encore à distinguer deux hypothèses : 1° le mineur a lui-même constitué un gage ; 2° le gage a été constitué par un majeur, auquel le mineur a succédé.

Dans la première hypothèse, il n'y a aucun doute que la restitution ne doive être accordée ; en effet, le mineur demande la restitution non pas contre la vente, mais contre la constitution même du gage (1) ; ajoutons que le préteur l'accordait d'autant plus facilement qu'elle ne se trouvait pas ici en opposition avec l'autorité de la chose jugée.

Si au contraire le gage avait été constitué par un majeur auquel le mineur aurait succédé dans la suite, il n'y aurait pas lieu à l'*in integrum restitutio*, mais il y aurait une action contre le curateur qui a permis la vente ou contre le créancier s'il n'a pas été de bonne foi. (2)

Il ne faut pas voir là, comme l'ont fait certains auteurs,

(1.1). Cujas, *Comm.* sur la même loi, et enfin Ant. Faber, *Rational. in Pandect.*

(1) Dans ce sens, voir Cujas et Voët ; Ant. Faber, au contraire, n'admet pas que ce soit contre la constitution même du gage que le mineur fait restituer.

(2) Voir à ce sujet, L. 2 C. *si adv. vend. pign.* (2.29), et L. 2 C. *de præd. et aliis reb.* (5.71), *sent.* Paul, *lib. I, tit.* 9, § 8, M. de Savigny, tome VII, chap. IV, § 323.

une exception aux règles de l'*in integrum restitutio*, car il n'y a eu, ni dans la constitution du gage ni dans la vente, aucune intervention du mineur ni de son représentant ; donc une des conditions de la restitution manque ici. Néanmoins, s'il y avait eu collusion entre le créancier vendeur du gage et l'acheteur, les auteurs que nous avons cités plus haut sont d'avis qu'il faut accorder au mineur l'*in integrum restitutio* parce que les majeurs eux-mêmes sont restitués dans ce cas.

Nous venons de voir par les différents exemples qui précèdent que les mineurs étaient restitués *in rem* toutes les fois qu'il y avait pour eux un grand intérêt. Il y a pourtant un cas où ce bénéfice leur était refusé. Cette hypothèse est prévue dans la L. 48 § 1. D. *de min.* (4.4)

Dans ce texte, le jurisconsulte suppose qu'un mineur ayant vendu un esclave veut se faire restituer contre cette vente ; si dans l'intervalle l'acheteur a affranchi l'esclave, la restitution pourra bien aboutir à une indemnité, mais on ne fera pas rentrer l'esclave en servitude. En cette matière, en effet, le préteur faisait passer l'intérêt de l'esclave affranchi avant celui du mineur.

Nous venons d'énumérer dans ce chapitre les personnes qui peuvent demander la restitution et celles contre qui elle peut être demandée ; dans le chapitre suivant, nous allons étudier les conditions exigées pour qu'il y ait lieu d'accorder l'*in integrum restitutio*.

____

CHAPITRE III.

Conditions nécessaires pour qu'il y ait lieu d'accorder « l'in integrum restitutio. »

Pour que le mineur obtînt le bénéfice de l'*in integrum restitutio*, il fallait : 1° qu'il eût éprouvé une lésion (1) ; 2° que le droit commun ne lui offrît aucun moyen de se protéger aussi efficacement (2); 3° que l'équité ne fût pas intéressée à ce que le préteur refusât la restitution ; 4° que le mineur n'eût pas perdu le droit de demander la restitution ; 5° qu'on n'eût aucune fin de non-recevoir à lui opposer.

1° *Nécessité d'une lésion.*

La lésion, disons-nous, était nécessaire pour que le mineur pût demander l'*in integrum restitutio*. Nous allons voir quels caractères elle devait présenter pour que le préteur la prît en considération. Une lésion ne

---

(1) Nous avons déjà dit plus haut que la minorité, indépendamment de toute lésion ne suffisait pas pour donner ouverture à l'*in integrum restitutio: « restituitur non tanquam minor sed tanquam læsus.»*

(2) L. 16, Pr. D. *de min.* (4.4).

donnait ouverture à la restitution que lorsqu'elle avait
une certaine importance, le préteur voulait bien paraly-
ser les effets du droit civil; mais il ne voulait le faire
que s'il y avait un intérêt appréciable; de là le principe
que nous retrouvons souvent en Droit romain : « *De
minimis non curat prætor* (1). »

Il fallait encore que la lésion réunît les deux caractères suivants : d'abord qu'elle eût son origine et sa
source dans l'acte même attaqué et non pas dans un
événement postérieur ; ensuite que le changement d'état
de droit, constituant la lésion, fût le résultat d'un fait
licite, sans quoi la restitution serait refusée, car les
actions ordinaires suffiraient (2).

Mais il n'était pas nécessaire que la lésion fût le
résultat d'un dol ou de manœuvres frauduleuses, le préjudice suffisait. Ce point est parfaitement certain, malgré les nombreux textes du *Digeste* qui, traitant de l'*in
integrum restitutio* accordée au mineur, contiennent les
mots *captus, lapsus, circumventus, circumscriptus* (3). Le
doute doit disparaitre devant la manière claire et formelle

____

(1) Ce principe est formulé au *Digeste* dans plusieurs textes
et notamment dans la loi 4 D. *de integ. rest.* (4.1), L. 9, § 5, D.
de dolo malo (4.3), et L. 54, D. *de contrah. empt.* (18.1).

(2) Si par exemple la lésion résultait d'un vol, Savigny,
Droit romain, tome VII, chap. IV, § 328.

(3) Parmi ces textes, citons : L. 7, §§ 3 et 4 D *de min.* (4.4),
L. 1 Pr. et L. 24, § 1 *eod.* L. 11, § 3, et L. 9, § 4, D *de jurejur.*
(12.2).

dont s'expriment les empereurs Dioclétien et Maximien dans un rescrit qui forme la loi 5 Pr. C. *de in integ. rest.* (2, 22), et dont voici le texte : « *Minoribus in integrum restitutio, in quibus se captos probare possunt, etiamsi dolus adversarii non probetur, competit.* »

Nous ajouterons également que, dans notre matière, le mot lésion doit être pris dans un sens large, et qu'il signifie non-seulement la perte d'un droit, mais toute diminution ou changement désavantageux pour le mineur; par exemple, la transformation d'une créance pure et simple en une créance à terme ou conditionnelle, d'un droit certain en un droit litigieux (1). Les jurisconsultes allèrent même plus loin et accordèrent la *restitutio in integrum* aux mineurs, non-seulement quand ils avaient éprouvé un préjudice, mais lorsqu'ils avaient manqué un gain ; non-seulement lorsque la lésion ou le manque de gain résultaient d'un acte, mais même lorsqu'ils résultaient d'une omission (2). Bien que certains auteurs aient soutenu, en se fondant sur un texte du

(1) M. de Savigny, chap. IV, §§ 3, 18, l. 6 et l. 40 D. *de min.* (4.4).

(2) Le préteur, en promettant dans son édit la restitution au mineur de 25 ans, s'était servi des mots : *Quodumque... gestum esse dicetur.* Cela semblait bien ne se référer qu'à des actes, mais les jurisconsultes avaient interprété assez largement le mot *gerere*, aussi nous voyons Ulpien, dans la L. 7 Pr. D. *de min.* (4.4), s'exprimer de la manière suivante : « *Gestum sic accepimus qualiter, qualiter sive contractum sit* « *sive quid aliud contigit.*» Nous trouvons la même interprétation large dans la L. 6 D, *eod.*

Digeste (1), que la restitution contre le manque de gain résultant d'une omission, était une exception introduite en faveur du mineur, et que jamais les majeurs ne pouvaient baser leur demande en restitution sur une omission. Nous pensons pouvoir soutenir que le principe que nous avons posé est applicable au majeur aussi bien qu'au mineur.

En effet, le texte dont nous avons parlé plus haut et qui forme la loi 18 D. *quib. ex caus. maj.* (4. 6) s'exprime ainsi : « *Sciendum est quod in his casibus restitutionis, auxilium majoribus damus, in quibus rei duntaxat persequendæ gratia queruntur, non cum et lucri faciendi alterius pœna vel damno.* » et on peut conclure avec M. de Savigny, dont nous adoptons l'opinion, que ce texte établit bien une exception, mais qu'au lieu de la voir dans le mot *majoribus*, il faut la chercher dans les mots : *non cum et lucri faciendi ex alterius pœna vel damno.* Cette exception commune aux majeurs et aux mineurs serait la suivante : Lorsqu'il s'agit de restituer une personne contre une omission qui lui a fait manquer un bénéfice, il faut distinguer entre le bénéfice qui proviendrait de la diminution d'un bien déjà acquis à une autre personne, et celui dont l'origine serait différente ; dans le premier cas, la restitution serait refusée, elle serait au contraire accordée dans le second. Donnons quelques exemples

(1) L. 18 D. *ex quib. caus. maj.* 46.

pour rendre cette distinction plus facile à saisir : Supposons par exemple qu'un mineur ait laissé passé le délai pendant lequel il pouvait intenter une action pénale bilatérale, il ne pourra pas se faire restituer contre cette omission, car le gain qu'il ferait, diminuerait d'autant le patrimoine du défendeur; supposons également que le mineur ait négligé d'accomplir une usucapion, on lui refuserait également la restitution pour la même raison. Si au contraire il avait omis de recueillir une succession ou un legs, il pourrait, *rebus integris* se faire restituer contre son omission car le gain qu'il fait, dans ce cas, ne diminue le patrimoine de personne (1).

(1) Voy. M. de Savigny, tome VII, chap. IV, § 318, et L. 20 D. *ex quib. caus. maj.* (4.6), L. 2 C. *si ut omissam*, L. 17, Pr., § 1 D. et L. 41 *ex quib. caus.* (4.6), L. 27 *eod.*, L. 19 et 20 *eod.*

De nombreux auteurs admettent un principe tout différent: suivant eux, le mineur seul pourrait se faire restituer contre une omission qui lui faisait manquer un gain, et même si ce gain devait résulter d'une action pénale, la restitution lui serait refusée. D'autres auteurs, en tête desquels nous trouvons Cujas (sur la loi 37 D. *de min.*), faisaient une distinction; ils pensaient qu'ils s'agissait d'une action pénale, telle que l'*actio injurarium*, qui ne passe ni contre l'héritier de l'offenseur, ni à l'héritier de l'offensé, il fallait refuser la restitution ; que si , au contraire, il s'agissait d'une action pénale, telle que l'*actio furti*, qui bien que n'étant pas donnée contre les héritiers du délinquant, passe aux héritiers de la personne lésée : il fallait l'accorder. Nous préférons l'opinion de M. de Savigny, car non-seulement elle nous semble renfermée dans des textes, mais encore elle a l'avantage de nous permettre d'expliquer comment la *restitutio in integrum* est refusée au mineur qui a omis d'accomplir une usucapion, ou qui

Le mineur doit faire la preuve de la lésion qu'il invoque; certains auteurs ont pensé qu'il lui suffisait de l'alléguer, mais cette opinion ne peut tenir contre les nombreux textes qui exigent la preuve de la lésion (1). Cependant si le mineur avait fait avec un tiers un acte purement

n'a pas accepté une hérédité ou un legs qui lui étaient dévolus.

Mais, revenons aux actions pénales : Nous trouvons dans un texte de Tryphoninus (l. 37, Pr. D. *de min.* 4.4), les germes d'une controverse qui a divisé les anciens jurisconsultes, quoiqu'elle sorte un peu des limites de notre sujet, nous croyons devoir en dire quelques mots ; Tryphoninus nous dit, dans le texte en question : « *auxilium in integrum restitutio-* « *nis, executionibus pœnarum paratum non est : ideoque in-* « *juriarum judicium semel omissum repeti non potest.* » De là la question suivante : si le mineur au lieu de laisser passer le délai pour intenter l'action, l'avait perdue par un pacte (pacte de pardon pour l'action d'injures), pourrait-il se faire restituer contre ce pacte ? Ant. Faber (*Rational. in Pandect.*) pense que non, car, dit-il, il est plus malhonnête de se faire restituer contre un acte que contre une simple négligence. Cujas, au contraire, tient pour l'affirmative, et en donne pour raison, que la loi 37 Pr. D. *de min.* nous parle de *omissa actione* et non pas de *amissa*. Nous préférons nous ranger à l'avis de Cujas, et nous pouvons même apporter, à l'appui de cette décision, une autre raison : en effet, si on refuse de restituer le mineur contre son action *omissa*, c'est parce que, ainsi que nous venons de le dire, on ne restitue le mineur contre son omission, qu'autant que le gain qu'il aurait retiré de son action n'aurait pas diminué le patrimoine d'une autre personne, tandis que s'il a perdu son action par un pacte, ce n'est plus contre une omission qu'il veut se faire restituer, c'est contre un acte, et quand un mineur demande à se faire restituer contre un acte, il n'y a pas lieu, nous le pensons du moins, de faire la distinction que nous venons d'indiquer.

(1) Voy. notamment L. 7, § 3 et la 44 D. *de min*, et L. 7, § 4, D, *de jurejur.* (12.2).

volontaire de la part de ce dernier, un *mutuum*, par exemple, ce serait au créancier à prouver que l'argent a profité à l'emprunteur.

La lésion peut se rencontrer dans tous les rapports de droit, nous allons donc les examiner successivement, et voir à propos de chacun d'eux si l'on doit accorder ou refuser l'*in integrum restitutio*.

Nous rencontrons en première ligne les droits de famille : dans le domaine des droits de famille, nous ne trouvons guère qu'un cas (1) où le mineur puisse se trouver lésé, c'est lorsqu'il s'est donné en adrogation ; en effet, il peut arriver qu'un mineur riche se soit fait adroger par une personne qui n'avait d'autre but que de s'approprier sa fortune ; en pareil cas l'*in integrum res-titutio*, doit-elle être accordée ? Une controverse s'est élevée sur ce point et certains auteurs ont prétendu que la restitution devait être refusée ; ils basaient leur décision sur un texte du Digeste l. 9 § 4 *de min.*, où Ulpien rapportant l'opinion de Papinien nous dit : « *res, restitu-* « *tionem non capit cùm statum mutat.* » Ils concluaient de là, que l'adrogation apportant un changement dans l'état du mineur, elle n'était pas susceptible d'être effacée par l'*in integrum restitutio*. Si on lit le commencement du paragraphe que nous venons de rapporter, on

____

(1) Nous ne parlons pas du mariage, car on ne trouve dans les textes aucune trace de restitution en pareille matière.

verra que le jurisconsulte suppose le cas où le mineur est tombé en servitude, parce qu'étant majeur de 20 ans, il s'est laissé vendre pour partager le prix de la vente, et que c'est à la suite de cette hypothèse qu'il nous dit que la restitution n'est pas admise contre les changements d'état. — Il est donc facile de voir par là que le jurisconsulte n'entendait parler que des changements du *status publicus* et non pas de ceux du *status privatus*; l'adrogation ne produisant d'effets que sur l'état privé du mineur, rien ne s'oppose à ce qu'on lui accorde l'*in integrum restitutio* (1). Cette solution se trouve du reste confirmée par un texte d'Ulpien l. 3 § 6 *de min.* « *Si quis* « *minor vigintiquinque annis adrogandum se dedit* « *et in ipsa adrogatione se circumventum dicat (finge enim* « *a prædone eum hominem locupletem adrogatum), dico* « *debere eum audiri in integrum se restituentem.* »

Dans le droit des choses, nous trouvons l'usucapion et la prescription qui peuvent être sujettes à restitution; mais il y avait des différences suivant qu'il s'agissait de l'une ou de l'autre. On venait au secours du mineur con-

---

(1) Le préteur, en effet, pouvait restituer contre le *minima capitis deminutio*, qui du reste était appelée par certains jurisconsultes *capitis deminutio salvo statu contingens*, L. 1, § 8 D. *ad S. C. Tertyllianum* (38. 17) il était au contraire sans pouvoir à l'égard de la *media* et de la *maxima*, contre lesquelles l'empereur seul pouvait restituer (L. 9 §§ 4 et 6 D. *de min.*) Voy. M. de Savigny, Droit romain, tom VII, comparaison de l'*in integrum restitutio* et de la grâce. Voy. également sur cette question : Cujas et Ant. Faber *rational. in Pandect.* sur la L. § 4 D. *de min.* et Voët *ad Pand.* liv. IV, tit. IV, § 14.

tre les conséquences de l'usucapion qui s'était accomplie contre lui ; nous en trouvons la preuve dans la loi *Un. Si adv. usu.* (2.36) (1). On lui restituait même les servitudes qu'il avait laissé perdre par non usage, tel est au moins l'avis de M. de Savigny (2). Quant aux prescriptions la même doctrine n'était pas admise ; le mineur ne pouvait pas se faire restituer contre les prescriptions de 30 et 40 ans qui coururent de tout temps contre les mineurs comme contre les majeurs ; nous en trouvons la preuve manifeste dans la L. 3 C. *de his qui metuque* (2.20). (3) Quant aux prescriptions plus courtes auxquelles ils étaient également soumis, ils pouvaient se faire restituer contre elles ; nous étudierons plus loin les innovations que Justinien a introduites à ce sujet.

Dans la matière des successions, nous trouvons également de nombreuses applications de l'*in integrum restitutio*, que nous ne ferons qu'énumérer, en citant les textes du Digeste et du code qui nous en parlent. Il y avait lieu à restitution lorsqu'un héritier avait accepté une succession onéreuse, ou, lorsqu'institué héritier *cum cretione*, il avait laissé passer le délai de cent jours sans faire d'adition solennelle, ou bien s'il avait laissé passer le délai pendant lequel le préteur permettait de demander une *bonorum*

(1) *Add. L.* 45 *de min.* et L. 1, § 1, *ex quib. caus.* (4. 6).
(2) Voy. M. de Savigny, Droit romain, tome VI,.
(3) Voyez également L. L. 3 et 4 C. *de prescript.* XXX et XL *ann.* (7. 39).

possessio ou enfin s'il avait omis de remplir une condition
mise à l'institution par le testateur. On pouvait aussi,
nous l'avons vu plus haut, se faire restituer contre la
répudiation d'une succession tant que les choses étaient
entières, mais on aurait été repoussé si on s'était présenté
après la vente des biens héréditaires et l. règlement des
affaires de la succession ; c'est ce que nous apprend
la L. 24, § 2, D. *de min.* (4, 4)(1).

Dans le droit des obligations, nous rencontrerons
plus fréquemment encore des cas de restitution, car
tous les contrats, soit qu'ils aient pour but de créer,
soit qu'ils aient pour but d'éteindre des obligations,
peuvent être pour le mineur une cause de lésion,
Nous ne nous occuperons ici que des cas les plus saillants.

Parmi les contrats, nous pouvons placer en première
ligne, la vente : Quand le mineur est acheteur, et qu'il
éprouve un préjudice, il est évident qu'il peut invoquer la
restitution, mais lorsqu'il est vendeur, il peut sembler
au premier abord que la restitution ne sera jamais invoquée puisque le sénatus-consulte, rendu sous le règne
de Septime Sévère, et la constitution de Constantin
défendaient la vente de presque tous les biens des
mineurs ; les aliénations faites au mépris de cette

(1) Voir au sujet de ce que nous venons de dire dans ce
paragraphe : L. 6 D. *de in integr. rest.* (4. 1) L. 21, § 5 D. *quod
met. causa.* (4. 2) L. 85 *de adquir. hered.* (29. 2). L. 21, § 6 *quod
met. causa* L. 7 § 10, L. 22, L. 24, § 2, L. 30 D. *de min.* (4. 4).
L. 2. C *si ut omissam* (2. 40) et L. 3, § 8 *de min.*

prohibition sont radicalement nulles, le droit de propriété n'a pas un instant cessé de reposer sur la tête du mineur ; il n'y a donc pas lieu de recourir à l'*in integrum restitutio* puisque l'action en revendication suffit. Mais il peut arriver que dans le cas où, par exception, le sénatus-consulte permet l'aliénation des immeubles du mineur, ce dernier soit lésé ; dans ce cas, il n'a de secours à espérer que de la *restitutio in integrum*, qu'il pourra invoquer alors même que la vente de ses biens aurait été autorisée par un décret du magistrat (1), car le décret constate bien qu'il y a nécessité absolue de vendre, mais il ne garantit pas contre la lésion ; seulement comme il est très-grave de revenir sur une décision du magistrat (2) et qu'on pouvait craindre que l'abus de la restitution en pareille matière, n'écartât les acheteurs des

---

(1) Voy. Cujas, sur le tit. *de min. vigintiquinque annis*, add. l. 2 C. *de fidejus. min.* (2.21) et L. 2 C. *de præd. et aliis reb.* (5.71). Nous avons déjà cité un cas où on accorde la restitution contre un décret du magistrat, ce cas se présente lorsqu'un impubère veut se faire restituer contre l'adrogation ; on sait, en effet, que l'adrogation des impubères ne pouvait avoir lieu qu'en vertu d'un décret.

(2) Nous avons déjà vu, page 89, que, quand le mineur avait été lésé par la vente d'un gage constitué *ex causa judicati*, on se montrait très sobre de restitution, dans la crainte des inconvénients que nous citons ici ; toutefois, cette crainte n'empêchait pas toujours de restituer contre les décrets du magistrat, témoin le cas que nous citons dans la note précédente et celui où on restituait le mineur contre un jugement émané du magistrat même qui était chargé de statuer sur la demande en restitution.

ventes de biens de mineurs, on n'accordait la restitution que pour lésion considérable.

Nous pouvons maintenant supposer que le mineur a fait mal à propos un acte extinctif d'obligation, une acceptilation par exemple, s'il y a lésion, le préteur accordera l'*in integrum restitutio* qui fera revivre l'obligation non-seulement à l'égard du débiteur principal, mais encore à l'égard des cautions. Il en serait de même si le mineur ayant plusieurs co-débiteurs corréaux, avait fait acceptilation à l'un d'eux, tous seraient libérés *ipso jure*, mais le préteur restituera l'action contre tous les débiteurs (1).

Le mineur pourrait aussi se trouver lésé par une novation; par exemple s'il avait accepté comme *ex promissor* un débiteur moins solvable que le premier, le préteur lui accorderait encore la restitution. Toutefois, si l'*ex-promissor* était une femme, nous verrons dans la section suivante, si l'on doit restituer le mineur, ou si l'on ne peut pas le secourir autrement.

On pourrait multiplier ces exemples à l'infini, mais sans utilité ; nous nous bornerons donc aux quelques espèces que nous venons d'exposer.

On admettait la restitution même contre les actes judiciaires ; cela du reste se comprenait à l'époque de la procédure formulaire, où un simple oubli entraînait les con-

____

(1) L. 27, § 2 D. *de min.* (4.4).

séquences les plus graves ; nous en trouvons de nombreux exemples dans les textes du Digeste ; nous nous contenterons de les citer (1).

La restitution était aussi accordée contre un jugement rendu par le magistrat qui était chargé de connaître de la demande en restitution ; nous en trouvons la preuve dans plusieurs textes parmi lesquels nous citerons la L. 16, § 5, D. *de m.*. dans laquelle nous lisons : « *Nunc « videndum, qui in integrum restituere possunt? et tam « profectus urbi quam alii magistratus, pro juridictione « sua restituere in integrum possunt tam in aliis causis « quàm contra sententiam suam* (2). »

Cette révision de la sentence par le magistrat même qui l'avait rendue produisait un effet analogue à celui de l'appel ; mais ces deux modes de réformer les jugements étaient loin d'être les mêmes, et Hermogénien, dans la L. 17 D. *de min.*, nous montre bien en quoi ils différaient. Voici, du reste, le texte : « *Præfecti etiam prætorio, ex » sua sententia in integrum possunt restituere : quamvis » appellari ab his non possit. Hæc idcirco tam varie, quia » appellatio quidem, iniquitatis sententiæ querelam : in » integrum verò restitutio, erroris proprii veniæ petitionem, » vel adversarii circumventionis allegationem, continet.* »

(1) L. 36 D., L. 7, §§ 11 et 12, et la loi 8 D. *de min.*, L. 9, § 4 D. *de jurejur.* (12.2).

(2) Voy. également L. 20, § 1, et L. 42 D. *de min.*, L. 8 C. *de in integ. restitut.* (2.27).

On pouvait aussi se faire restituer contre une sentence de restitution précédemment obtenue ; la L. 7, § D. *de min.* nous présente cela comme tout-à-fait hors de doute (1) ; mais si la demande en restitution avait été rejetée par le préteur, on ne pouvait pas se pourvoir contre son refus par voie de restitution, il fallait s'adresser à l'empereur. Sans cette prudente mesure, il n'y eût plus rien eu de stable et de définitif, lorsqu'un mineur aurait été intéressé dans une affaire (2) ; mais, par exception, on pouvait demander de nouveau l'*in integrum restitutio*, quand on pouvait fonder sa demande sur d'autres motifs (3).

Il nous reste à étudier une dernière question, c'est celle de savoir si le mineur pouvait se faire restituer contre une lésion résultant d'un délit ; Ulpien, L. 9, § 2 D. *de min.*, pense qu'il n'y a pas lieu de restituer le mineur contre les conséquences de ses délits, toutefois, dans le cas où un mineur serait exposé à une des actions *quæ in duplum crescunt adversus inficiantem* et qu'il ait commis la faute de nier, on peut venir à son secours au moyen de l'*in integrum restitutio* pour qu'il soit considéré comme ayant avoué et que par suite il n'encourre pas le double de la peine.

(1) *Add. L. 8, § 6 C. de bon. quæ, lib. (6.61).*
(2) L. 1 C. *si sæpius in int. rest. post. (2.21).*
(3) L. 2 et 3, *eod.*

2° Que le droit commun ne lui offrît aucun moyen
de se protéger aussi efficacement.

La restitution *in integrum* était, ainsi que nous l'avons déjà dit, un secours extraordinaire ; il n'y avait donc pas lieu d'y recourir toutes les fois qu'on avait à son service une autre action ; c'est ce que nous voyons dans la loi 16 Pr. D. *de min.* Dans ce texte, le jurisconsulte Ulpien nous dit : « *In causæ cognitione etiam hoc versa-* » *bitur, num forte aliqua actio possit competere, citra in* » *integrum restitutionem ; nam si communi auxilio et mecor* » *jure munitus sit non debet ei tribui extraordinarium* » *auxilium, utputa cum pupillo contractum est, sine* » *tutoris auctoritate nec locupletior factus est.* »

Pour comprendre quelle est au juste la portée de ce texte, et pour savoir dans quel cas la restitution doit être accordée ou refusée, il faut déterminer exactement le sens que le jurisconsulte Ulpien attache aux mots *alia actio*, dans le texte que nous venons de citer.

Suivant une interprétation donnée par Ant. Faber (1), et reproduite de nos jours par M. de Savigny (2), les mots *alia actio* désignent non pas une action quelconque née d'un contrat, mais celle qu'un mineur peut intenter *ipso*

---

(1) Ant. Faber, *Rationalia in Pandectas*, lib. IV, tit. IV.
(2) M. de Savigny, *Droit romain*, chap. IV.

jure lorsqu'il a fait un contrat radicalement nul (1); nous trouvons la preuve de ce que nous avançons dans les exemples que le jurisconsulte nous donne dans le même texte, pour nous faire comprendre la portée de la règle qu'il vient de poser; il nous dit, en effet, que la restitution doit être refusée, « *si alia actio competit... utputa* » *cum pupillo contractum est sine tutoris auctoritate nec* » *locupletior factus est,* et plus loin dans le § 1 *item... Si* » *minor circumscriptus societatem coierit vel etiam dona-* » *tionis causa nullam esse societatem nec inter majores* » *quidem et ideo cessare partes prætoris; idem et Ofilius* » *respondit : satis enim ipso jure munitus est.* »

Il est facile de voir que tous ces exemples ne mentionnent que des contrats nuls *ipso jure;* citons encore comme dernière preuve le § 3 de la même loi 16, qui dit: « *Et generaliter est probandum, ubi contractus non valet* » *pro certo prætorem, non debere se interponere.* » D'après cette dernière phrase, il nous semble évident que dans l'esprit du jurisconsulte, ces mots : *Ubi contractus non valet,* sont synonymes de *ubi alia actio non competit* (2).

De plus, nous trouvons des textes dans lesquels on

(1) Par exemple l'action en revendication, quand un mineur a vendu un *prædium rusticum sine decreto,* L.2 C. *de præd. et aliis reb.* (5.71).

(2) Nous pouvons encore rapprocher de ces textes, la loi 11, C, *de præd. et aliis reb.* (5. 71), dans laquelle il nous est dit qu'il est inutile de restituer le mineur contre la vente de *prædia rustica.*

accorde la *restitutio in integrum*, bien qu'il existe une
autre action ; par exemple, la loi 7, § 1 D. *in integ. rest.*
(4. 1), nous dit que, lorsqu'une personne qui a été trompée
peut intenter l'action de dol, il est d'un bon préteur
d'accorder la *restitutio in integrum*, plutôt que de donner
une action entraînant l'infamie. Nous voyons donc, par
cet exemple, que l'existence d'une action prétorienne
n'empêche pas du tout d'accorder l'*in integrum restitutio*.

Nous allons montrer qu'il en serait de même si, au lieu
d'une action prétorienne, le mineur avait à son service
une action civile, une *condictio*, par exemple ; nous
trouvons une hypothèse de cette nature prévue dans la
L. 10, § 2 D. *de min.* : « *Pomponius quoque refert lib. 28,*
» *cum quidam heres rogatus esset fratris filiæ complures res*
» *dare ea condictione, ut si sine liberis decessisset restitue-*
» *returas heredi : et hæc defuncto herede, heredi ejus cavisset*
» *se restituturam : Aristonem putasse in integrum resti-*
» *tuendam, sed et illud Pomponius adjicit, quod potuit*
» *incerti condici hæc cautio, etiam a majore, non enim*
» *ipso jure, sed per condictionem munitus est.* »

Un testateur avait prescrit à son héritier de donner
certains objets à la fille de son frère, sous cette condition
que si la fille venait à mourir sans enfants, les objets en
question feraient retour à l'héritier ; la fille donne alors
caution de rendre lesdits objets à l'héritier de ce dernier
pour le cas où il viendrait à mourir avant elle ; Ariston
pense qu'elle peut se faire restituer contre cet engage-

ment, et Pomponius ajoute qu'un majeur ayant en pareil cas une *condictio incerti*, un mineur doit l'avoir *a fortiori* ; puis, le jurisconsulte ajoute que, dans l'espèce qui nous occupe, la fille mineure est défendue seulement par une condiction et non pas par un moyen de défense opérant *ipso jure*.

D'après le texte que nous venons de transcrire et la traduction que nous venons d'en donner, il est facile de voir que Pomponius partageait l'opinion d'Ariston qu'il rapportait ; il constate seulement que la fille du testateur peut, dans ce cas, intenter la *condictio incerti* pour bien faire voir que la restitution peut exister, alors même qu'il y a une *condictio* ; quant aux mots qui terminent le texte *non enim ipso jure sed per condictionem munitus est*, ils sont destinés à motiver l'opinion d'Ariston ; l'explication du § 2 de la loi 16 *de min.* que nous venons de développer a, comme nous l'avons déjà dit, été donnée par Ant. Faber ; elle a sur les autres le grand avantage de concorder avec celle que nous avons donnée du *principium*. En |effet, presque tous les autres interprètes décident que ce § 2 apporte une exception à la règle posée dans le *principium* (1).

---

(1) Nous ne pouvons nous dispenser de donner quelques renseignements sommaires sur les autres systèmes qui ont été proposés. Un premier système consistait à dire que dans le *principium* de la *L.* 16, *D. de min.* les mots *alia actio* rapprochés de *communi auxilio* voulaient désigner les actions civiles par opposition aux secours extraordinaires créés par le pré-

Nous trouvons encore d'autres textes qui donnent la restitution aux mineurs, alors même que ces derniers ont une action. Les pupilles et les mineurs, par exemple,

teur. Suivant cette interprétation, la restitution devait être refusée quand le mineur pouvait intenter une action civile, elle pouvait au contraire être accordée, s'il n'avait droit qu'à un secours prétorien [l. 7.§ 1 *de in int. rest.* (4. 1)]; avec cette manière d'interpréter le *principium* on se trouve embarrassé, lorsqu'en lisant le § 2 de la même L. 16, le jurisconsulte Ulpien, rapportant l'avis de Pomponius, qu'il partage du reste, nous expose une hypothèse dans laquelle on accordera l'*in tegrum restitutio* au mineur bien qu'il ait une *condictio in certi*; en effet, on ne peut admettre qu'Ulpien se contredise d'une manière aussi formelle à quelques lignes de distance; on a donc cherché à interpréter le § 2 de la loi 16 de manière à le faire concorder avec la manière dont on entendait le *principium*; les interprétations proposées sont au nombre de deux; la première consiste à dire que Pomponius rapporte l'avis d'Ariston, mais qu'il ne le partage pas parce que la *condictio incerti* qui peut être intentée par un majeur, peut à plus forte raison l'être par un mineur, et que par suite, il n'y a pas lieu d'accorder la restitution. Nous ne comprenons pas comment cette explication a pu être donnée, car rien dans le texte ne peut nous faire supposer que Pomponius ne partageait pas l'opinion d'Ariston, ce n'est pas le mot *adjicit*, car, ainsi que le fait observer Cujas, *adjicere non est reprehendere*, suivant un autre système qui n'est pas plus acceptable, Ariston aurait dans l'hypothèse qui nous occupe, accordé l'*in integrum restitutio*, parce que dans son temps la *condictio* encore imparfaitement constituée, n'était pas applicable dans tous les cas, Pomponius vit, qu'à son époque la *condictio* s'appropriait parfaitement à l'espèce qu'avait prévue Ariston, aussi lorsqu'il la reproduisit il mentionna la possibilité d'intenter la *condictio incerti* sans toutefois oser supprimer l'*in integrum restitutio* que jusque-là les jurisconsultes avaient accordée. Cette explication, comme nous l'avons déjà dit plus haut, ne doit pas être acceptée, parce qu'il est peu probable que la *condictio*, parfaitement organisée à l'époque de Pomponius qui vivait sous le règne d'Adrien et de Marc-Aurèle, ait été encore aussi impar-

ont contre leurs tuteurs et curateurs l'action *tutelæ di-*
recta et l'action *negotiorum gestorum* ; ils peuvent néanmoins demander la *restitutio in integrum* contre les actes
de leurs tuteurs ou curateurs, dans le cas où ils ont été
lésés ; certains auteurs ont soutenu que la restitution
n'était accordée au mineur qu'en cas d'insolvabilité de
ses représentants , mais les textes qui traitent cette
question ne paraissent pas subordonner leur décision à ce
fait que le tuteur ou curateur est insolvable ; nous pouvons à ce sujet citer la loi 39, § 1 D. *de min.* qui nous
dit que l'immeuble d'un mineur a été vendu par son
curateur, et que le mineur a été lésé par cette vente, la
restitution ne lui sera pas accordée s'il refuse d'indemniser l'acheteur des améliorations dont il a doté l'immeuble, car personne ne doit s'enrichir aux dépens
d'autrui ; donc, *a contrario*, la restitution serait accordée
au mineur s'il consentait à indemniser l'acheteur, et
comme on le voit dans ce texte, le jurisconsulte ne parle
en aucune façon de la solvabilité du curateur (1). On

faite du temps d'Ariston qui avait écrit sous le règne de
Trajan. Au reste, si on admettait cette explication, il serait
impossible de comprendre ce que le jurisconsulte a voulu
dire par ces mots : « *non enim ipso jure sed per condictionem*
« *munitus est.* »

(1) Du temps où Scœvola écrivit ce texte qui forme la loi
39, § 1 D. *de min.* les tuteurs et curateurs pouvaient encore
vendre les immeubles appartenant aux pupilles et aux
mineurs, car ce jurisconsulte vivait avant Septime-Sévère,

trouve, du reste, dans d'autres textes que nous citons en note, plusieurs exemples de cette restitution ; le mineur pouvait donc choisir entre l'*in integrum restitutio* et l'*actio negotiorum gestorum;* il pouvait même, après avoir exercé l'*actio negotiorum gestorum*, recourir encore à la restitution s'il y trouvait son avantage.

Dans tous les cas où les mineurs avaient le choix entre une action et la restitution, les avantages qu'ils pouvaient trouver à employer cette dernière voie étaient nombreux, car l'exercice des actions demande des délais qui sont toujours préjudiciables, il nécessite des preuves nombreuses, souvent difficiles à faire, tandis que la restitution opère rapidement, et sans qu'on ait d'autre preuve à fournir que celle de la lésion ; d'autre part, lorsqu'on agit par voie d'action, le juge prononce une condamnation en argent, indemnité qui peut devenir illusoire en cas d'insolvabilité du défendeur, et qui, même quand ce dernier est solvable, n'est jamais aussi avantageuse pour

et par conséquent aucune prohibition n'existait à ce sujet, à partir du sénatus-consulte, ce cas de restitution ne dut plus se rencontrer, on restituait bien quelquefois contre la vente d'immeuble de mineur faite en vertu d'un décret (nous avons examiné cette question page 101), mais dans ce cas le mineur n'aurait pas le choix entre la *restitutio in integrum* et l'action *negotiorum gestorum*, car, s'il y avait lésion en pareil cas, la responsabilité du curateur serait écartée par l'intervention du décret. Il est bien évident que, pour tous les actes autres que les ventes d'immeubles, les mineurs avaient toujours droit à l'*in integrum restitutio*. L. 45, § 1, D. *de min.* L. 35, C. *si tutor* (2.25), L. 25, D. *de adm. et peric. tut.* (26.7), 1. 20, § L, D. *de tut. et rat. distrah.* (27.3).

le mineur que la réintégration de la chose même qu'il réclame dans son patrimoine ; il n'est donc pas étonnant que les jurisconsultes romains aient accordé la restitution, alors qu'il existait soit dans le droit prétorien, soit même dans le droit civil, des moyens d'action moins efficace, et qu'ils se soient bornés à la refuser dans le cas où le mineur, *ipso jure munitus*, ne pouvait trouver même dans la restitution une protection plus énergique.

3° Que l'équité ne fût pas intéressée à ce que le préteur refuse la restitution.

Il pouvait arriver que l'acte contre lequel le mineur voulait se faire restituer fût de telle nature qu'il était plus juste que la restitution fût refusée, soit parce que le mineur avait commis une faute, soit parce que la restitution aurait consisté dans le rétablissement d'un état de droit que les Romains considéraient comme impossible.

Dans la première catégorie, nous citerons les délits dont nous avons déjà parlé plus haut. On refusait de mettre par la restitution le mineur à l'abri des conséquences civiles ou pénales de ses délits ; son âge, néanmoins, pouvait être pris en considération pour atténuer la peine, et nous avons fait une application de ce principe au cas où le mineur était exposé à une action pénale *que crescit adversus inficiantem* (1). De même, en matière de contrats, le mineur n'aurait pas été recevable à demander la restitution s'il avait usé de dol; si, par exemple, il avait contracté avec un tiers en se faisant passer pour majeur; il eût été, en effet, inique d'accorder la restitution en pareil cas, c'eût été permettre aux mineurs de tromper impunément les tiers.

Citons, comme exemple de la deuxième catégorie, le cas d'un affranchissement fait par un mineur; le préteur n'accordait pas la restitution contre un acte de cette nature, car le pouvoir du préteur n'allait pas jusqu'à faire retomber en servitude un homme qui en était sorti. Nous avons vu plus haut que la restitution contre la vente d'un esclave ne pouvait avoir pour effet de faire rentrer celui-ci dans le patrimoine du mineur, lorsque l'acheteur l'avait affranchi. Dans ce cas la restitution permettait seulement au mineur d'obtenir une indemnité (2).

4° Que le mineur n'ait pas perdu le droit
de demander la restitution.

Nous avons déjà dit que le mineur perdait le droit de se faire restituer lorsqu'il obtenait la *venia ætatis;* il est

(1) Voir plus haut page 105. Voir également la loi 9 § 2, D. *de min.*

(2) Voy. ci-dessus, page 91.

bien entendu qu'il ne perdait le droit à la restitution que pour les actes à venir ; quant à ceux qu'il avait faits avant l'obtention du décret, il pouvait toujours les attaquer ; mais, ainsi que nous l'expliquerons bientôt, à partir de ce moment la prescription courait contre la restitution. Nous avons admis, néanmoins, avec M. de Savigny, que le mineur qui avait obtenu la *venia œtatis* pouvait se faire restituer contre le décret qui la lui avait accordée, et que, par suite, une fois ce décret annulé, il pouvait demander la restitution contre les actes qu'il avait pu faire depuis qu'il avait obtenu la *venia œtatis*.

Nous trouvons un dernier cas dans un rescrit de l'empereur Alexandre : le mineur qui avait prêté serment de ne point attaquer un acte n'était pas recevable à demander la restitution contre cet acte (1).

5° Qu'on ne puisse lui opposer aucune fin de non recevoir.

Dans tous les cas que nous avons passés en revue dans le paragraphe précédent, le droit à la restitution ne prenait pas naissance, mais il pouvait arriver que le mineur ne pût faire valoir son droit par suite de l'inter-

(1) L. 1 C. *Si adv. vend.* (2. 17).

vention d'événements postérieurs. Ces événements étaient
au nombre de deux, le désistement et la prescription.

1

Il y avait désistement, lorsque le mineur, expressément
ou tacitement, reconçait à son droit (1). Nous n'avons
pas à parler du désistement exprès qui devait être extrêmement rare et sur lequel il n'est besoin de donner
aucune explication ; nous allons seulement nous occuper
des actes, desquels on pouvait induire une renonciation.

Il est important de faire observer ici que tout acte de
renonciation expresse ou tacite, doit, pour produire son
effet, et éteindre le droit à la restitution, émaner du
mineur devenu majeur (2), sans quoi l'acte de renonciation, étant infecté du même vice que l'acte principal,
et étant sujet lui-même à restitution, ne pourrait pas
faire perdre au mineur le droit d'attaquer l'acte principal.

L'acte extinctif du droit de restitution qui intervient

---

(1) Le désistement est défini par la loi 21 D. *de min.*
« *Destitisse autem videtur, non qui distulit, sed qui liti renun-*
« *tiavit in totum.* » Voy. également la L. 20, § 1 *eod.*

(2) Nous n'ajoutons pas ici « ou par le mineur assisté de
son curateur. » Car on sait que l'usage se répandit d'accorder l'*in integrum restitutio* même contre les actes faits par
les mineurs assistés de leur curateur, par conséquent l'acte
de renonciation eût été infecté du même vice que la renonciation faite par le mineur seul.

le plus fréquemment, est, sans contredit, la ratification, appelée dans les textes *comprobatio* ou *ratihabitio ;* mais on pouvait également induire l'intention de renoncer d'un acte tout-à-fait incompatible avec la restitution que le mineur avait le droit de demander ; supposons, par exemple, qu'un mineur qui aurait laissé passer le délai fixé par le préteur pour demander la *bonorum possessio contra tabulas,* ait réclamé un legs contenu dans le testament qu'il avait le droit d'attaquer, il est clair que, dans ce cas, il sera parfaitement juste de le repousser s'il demande la restitution (1).

II

La prescription pouvait également rendre le mineur non recevable à demander la restitution. La prescription de la *restitutio in integrum* n'est pas en tout point semblable à la prescription des actions ; il y a même entre elles une différence fondamentale que nous allons signaler immédiatement. Nous savons que la prescription courait contre les actions, mais qu'elle ne courait pas contre les exceptions ; en effet, une exception ne pouvant servir que lorsque le demandeur intentait l'action, on ne pouvait pas accuser le défendeur de négligence, lorsqu'il avait laissé passer un laps de temps assez long sans faire valoir son

(1) L. 30 D. *de min.*

exception ; c'est ce que les Romains exprimaient par ces mots : « *Quæ temporalia sunt ad agendum, perpetua sunt* » *ad excipiendum.* » Il n'en était pas de même pour la *restitutio in integrum*, et la prescription courait contre elle, soit qu'elle eût pour but de faire recouvrer une action, soit qu'elle eût pour but de faire recouvrer une exception ; on devait donc demander la restitution de son exception avant même que l'action n'eût été intentée (1). Cette décision ressort très-clairement de la L. 9 § 4 D. *de jurejur.* (12. 2).

Quelle était la durée de la prescription de l'*in integrum restitutio* ? Le préteur avait fixé le délai à une année utile ainsi que nous le voyons dans la loi 19 D. *de min* (2). Constantin modifia ce délai et le fixa à cinq années continues pour Rome, et un mille de Rome, quatre ans pour l'Italie et trois années seulement pour la province (3). Cette prescription ne commençait à courir, que du jour où le mineur avait accompli sa vingt-cinquième année, ou du jour où il avait obtenu la *venia ætatis.* Ordinairement, la prescription court contre un droit, du

______

(1) Voir sur la prescription de la *restitutio in integrum*, M. de Savigny, *Droit romain*, tome IV, p. 309-310, tome V, p. 443-444 et tome VII, §§ 339-340.

(2) Nous voyons dans la loi 28, §§ 3 et 4, D. *ex quib. causis*, (4. 6.) que le même délai avait été fixé pour la restitution des majeurs.

(3) *Constitution de Constantin*, L. 2, Code Théod., lib. 2, tit. XVI, L. 5 C. *de temp.* (2. 53.)

jour où il peut être exercé, on peut faire remarquer qu'en matière de restitution, la prescription ne court qu'à partir de la majorité, quoique le mineur ait pu avant cette époque se faire restituer; il est vrai que cette première restitution serait elle-même sujette à restitution (1).

Il fallait que cette prescription ne fût non interrompue. Nous allons voir ce qu'on entendait par une interruption de prescription. En matière de *restitutio in integrum*, en général, il y avait interruption de prescription, lorsque la cause, qui avait servi de fondement à la restitution, après avoir cessé, se reproduisait de nouveau; prenons un exemple dans la matière de la restitution pour cause d'absence. *Primus* est absent, pendant ce temps, *secundus* possède un de ses immeubles assez long-temps pour que l'usucapion s'accomplisse. *Primus* revient, il a le droit de demander la restitution contre l'usucapion, mais, du jour même de son retour la prescription a commencé à courir contre lui; si *primus* s'absente de nouveau, la prescription se trouve interrompue, et ne recommencera à courir que lorsque *primus* reviendra de nouveau. Cette interruption qui était assez fréquente en cas d'absence était, au contraire, fort rare en cas de restitution pour minorité, c'est ce qui a fait dire à M. de Savigny que, dans ce dernier cas, elle n'existait

____

(1) L. 5, § 1, C. *de in integrum restit. min.* (2. 22), Savigny, *Droit romain*, chap. IV § 339.

pas, car le mineur une fois devenu majeur, ne pouvait plus retomber en minorité (1). M. de Savigny paraît oublier qu'il nous enseigne plus haut que les mineurs qui avaient obtenu la *venia ætatis* pouvaient se faire restituer contre le décret qui la leur accordait; une fois ce décret annulé par la restitution, le mineur de capable qu'il était redevenait incapable, et, à notre sens, la prescription qui avait commencé à courir contre lui, à partir du décret qui accordait la *venia ætatis*, devait se trouver interrompue par l'annulation de ce même décret.

L'interruption pouvait résulter de l'usage que faisait la partie lésée de son droit à la restitution ; par exemple, la demande faite au préteur interrompait la prescription ; mais, comme nous le verrons dans la dernière partie de ce travail, Justinien, dans une constitution (2) où il réforme le délai, précédemment établi par Constantin, décida que dorénavant, non-seulement la demande devrait être faite dans le délai, mais que la procédure devrait être entièrement terminée.

Il faut faire ici une observation assez importante : certains auteurs ont pensé que cette prescription dont nous venons de parler s'appliquait non-seulement à la demande en restitution, mais encore aux actions qui pouvaient être données à la suite de la restitution. Cela

(1) Savigny, *Droit romain*, chap. IV, § 340.
(2) L. 9 C. *de temp.* (2. 53).

est inexact ; cette proscription s'applique seulement à la demande en restitution ; quant aux actions qui peuvent être données ou rendues à la suite de la restitution, elles sont régies par les règles ordinaires de la prescription des actions. Nous n'avons pas besoin de dire que la prescription ne commence à courir contre elles que du jour où la restitution a été accordée, car avant cette époque elles n'étaient pas nées ; la prescription ne pouvait donc pas les atteindre.

Ici se pose encore une question assez délicate. Un mineur a laissé éteindre par la prescription son droit à la restitution ; pourra-t-il se faire restituer contre cette prescription ? La négative est généralement enseignée, et on se fonde sur la nécessité d'en finir avec l'incertitude résultant de la possibilité de l'*in integrum restitutio*, et sur un texte d'Ulpien, L. 20, Pr., D. *de min.* M. de Savigny, sans nous donner du reste aucune raison, enseigne l'affirmative.

On doit décider également dans le sens de l'affirmative une autre question qui n'est pas sans importance. Un mineur, induit en erreur par le dol de son adversaire, laisse prescrire son droit à la restitution, il pourra demander la restitution contre la prescription. En effet, il est de toute évidence qu'il peut, dans ce cas, intenter l'action de dol contre l'auteur des manœuvres frauduleuses ; on doit donc *à fortiori* pouvoir lui accorder l'*in integrum restitutio*, puisque nous voyons dans la loi 7,

§ 1, D., *de in integ. rest.* (4, 1), qu'il est d'un bon préteur de restituer plutôt que de recourir à une action entraînant l'infamie.

Les règles de la prescription peuvent être légèrement modifiées, lorsque ce n'est pas le mineur lui-même, mais un de ses successeurs qui invoque la restitution. Si un majeur succède à une personne qui a droit à la restitution, il n'a plus que le délai qui restait au titulaire de la restitution. Mais si le successeur est mineur, il faut distinguer si le titulaire était majeur ou mineur au moment où il a transmis son droit; s'il était mineur, le successeur aura, du jour de sa propre majorité, le délai tout entier; si, au contraire, le titulaire était majeur, le successeur n'aura, toujours à partir de sa propre majorité, que la portion du délai qui restait encore à courir (1).

____

(1) L. 19 D. *de min.* L. 5, § 1 C. *de temp.* (2.53), *Sent.* Paul, lib. I, tit. 9, § 4.

CHAPITRE IV

Compétence et Procédure

Nous avons vu, dans les chapitres précédents, quelle était la nature de l'*in integrum restitutio*, et dans quels cas elle était accordée. Nous allons voir maintenant quel était le magistrat compétent et quels moyens on employait pour opérer cette restitution. Voyons d'abord quels magistrats avaient le pouvoir d'accorder l'*in integrum restitutio*.

Dans cette matière, il faut distinguer soigneusement deux choses, la *juridiction* (1), c'est-à-dire le pouvoir en vertu duquel un magistrat pouvait prononcer la restitution, et la *compétence*, qui est l'aptitude du magistrat à statuer sur telle ou telle demande en restitution.

La juridiction appartenait à ceux à qui l'avaient conférée soit une loi, soit un sénatus-consulte, soit l'empereur; ces magistrats furent à l'origine pour Rome et l'Italie, le préteur, et pour les provinces le *præses* (2);

______

(1) Nous nous servons ici du mot juridiction qui est employé par les interprètes modernes, et notamment par le traducteur de M. de Savigny; nous savons toutefois que la restitution était comme disaient les jurisconsultes Romains : *Magis imperii quam jurisdictionis.* »

(2) L. 16, § 2, D. *de min.* L. 17 *eod.*

jamais les magistrats municipaux n'eurent le pouvoir d'accorder la restitution (1). Sous l'empire, le pouvoir d'accorder la restitution demeura le privilége des hautes magistratures, seulement le nombre des magistrats investis de la juridiction augmenta légèrement. C'étaient, à cette époque, le préteur, le *præfectus urbi*, le *præfectus prætorio*, les *legati Cesaris* dans les provinces et l'empereur lui-même. Mais à cette époque, les juges ne pouvaient pas encore, comme ils le purent plus tard, trancher une demande en restitution qui se présentait dans le cours d'une instance qu'ils avaient à juger (2). Quant à la compétence, nous n'avons rien de particulier à en dire, chaque magistrat investi de la juridiction restituait dans les affaires qui étaient de sa compétence, soit *ratione personnæ*, soit *ratione materiæ* (3). Nous ajouterons aussi qu'un magistrat pouvait restituer contre la sentence d'un magistrat inférieur ou égal, et même contre sa propre sentence, mais jamais contre celle d'un magistrat supérieur (4). Lorsque la sentence avait été rendue par l'empereur ou par l'un de ses délégués immédiats, l'empereur seul pouvait connaître de la restitution (5).

(1) L. 26, D *ad municipalem* (50.1).
(2) Nous verrons cela en étudiant dans l'appendice, les modifications faites par Justinien.
(3) L. 2 § 3 D. *de judiciis.* (5.1) ; L. 16, § 5 D. *de min.*
(4) L. 16, § 5, *de min.*, L. 17 et L. 42 *eod.*
(5) L. 18 D. *de min.* L. C. *ubi et apud quem* (2. 47).

Lorsqu'on voulait obtenir la restitution contre le fisc, il fallait la demander à la fois au magistrat ordinaire et au procureur de l'empereur, et appeler en cause l'avocat du fisc (1).

Maintenant, voyons quelle était la procédure.

Lorsqu'on intentait une demande en restitution, il fallait procéder comme pour intenter une action ordinaire; on pouvait faire la demande soi-même ou la faire faire par un procureur spécial, une procuration générale eut été insuffisante ainsi que nous le voyons dans la loi *un. C. etiam per procur.* (2.49) (2). Le procureur ainsi nommé devait fournir comme les autres la caution *ratam rem dominum habiturum* et la caution *judicatum solvi* (3).

En général, il fallait aussi assigner régulièrement l'adversaire comme dans une action ordinaire, sauf toutefois quand le mineur voulait se faire restituer contre une omission ou contre une déchéance; dans ce cas, le préteur pouvait très bien, et c'est ce qui arrivait le plus souvent, trancher la question sans que l'adversaire eût été préalablement assigné.

(1) L. 2 C. *si adv. fiscum* (2. 37) du reste, c'était la règle générale en matière de contestation avec le fisc, il fallait mettre en cause l'avocat du fisc, sans cette formalité, le jugement était nul, aux termes d'une constitution de Marc Aurèle mentionnée dans la L. 7 D. *de jur. fisc.* (49. 14).

(2) Voy. également L. 25, § 1 et L. 26, D. *de min.*

(3) Cela est exigé formellement par la loi 9, § 6 D. *de rac.* (3. 3).

Une fois la question portée devant le préteur, de la manière que nous venons d'exposer, le magistrat pouvait procéder de deux façons différentes ; il pouvait prononcer l'*in integrum restitutio sola cognitione*, ou en d'autres termes il pouvait non-seulement examiner lui-même s'il y avait lieu à *restitutio*, mais rétablir immédiatement l'état antérieur ; cette manière de procéder était fréquemment employée lorsqu'il s'agissait de restituer un mineur contre une déchéance, ou lorsqu'il ne se présentait aucune contestation sur des points accessoires (1) ; ou bien il avait la faculté de prononcer lui-même sur la question de restitution, et de renvoyer les parties devant un juge avec une formule d'action rescisoire ou restitutoire ; ou même si on voulait se faire restituer contre l'omission d'une exception, avec une nouvelle exception, alors la procédure ordinaire reprenait son empire (2).

(1) Suivant Muhlembruck, *Doctrina Pandectarum*,, § 165, cela se présentait aussi lorsque le mineur avait acheté trop cher ou vendu trop bon marché ; en effet, dans les espèces de cette nature, quand il n'y avait contestation ni sur l'âge du mineur ni sur la lésion, le préteur faisait tout lui-même, *sola cognitione*. Nous trouvons des décisions conformes dans plusieurs textes du Digeste, L. 24, § 4, *de min.* L. 39 pr. D. *de evict.* (21. 2) et L. 3 § 9 D. *de procurat.* (3. 3).

(2) Nous avons déjà cité plusieurs fois un texte de Paul, L. 24 § 5 *de min.* « *Ex hoc edicto nulla proprie actio vel cautio proficiscitur, totum enim hoc pendet ex prætoris cognitione.* » Ce texte suivant Ant. Faber ne veut pas dire que, en matière de restitution, les actions ne sont pas employées, mais que le préteur n'avait pas d'actions spéciales : Nous avons dit égale-

Ces deux manières de procéder nous sont révélées par un texte d'Ulpien, L. 13, § 1 D. *de min.*

« *Interdum autem restitutio in rem datur minori, id* « *est adversus rei ejus possessorem, utputa rem minori* « *emisti, et alii vendidisti, potest desiderare interdum* « *adversus possessorem restitui ne rem suam perdat vel* « *re sua careat: et hoc cognitione prætoria (sola) vel res-* « *cissa alienatione dato in rem judicio* (1).

Il pouvait arriver aussi que le préteur n'accordât immédiatement ni action ni exception,, mais qu'il promît seulement par un interlocutoire de donner l'action ou l'exception à une époque ultérieure (2), mais il fallait toujours que le second litige fût terminé avant l'expiration du délai accordé pour demander l'*in integrum restitutio.*

Le second système de procédure était très souvent employé quand il s'agissait de la restitution pour cause d'absence, tandis que le premier système était plus rare-

---

ment page 120, que la prescription spéciale à l'*in integrum restitutio* n'était pas applicable à cette seconde instance que nous venons de mentionner.

(1) M. de Savigny fait remarquer avec raison qu'il faut sous-entendre le mot *sola* après *cognitione prætoria,* car même dans le cas où le préteur renvoyait devant un juge avec des formules d'action, il fallait toujours qu'il eût levé l'obstacle juridique qu'il s'opposait à l'exercice de ces actions, au moyen d'une *cognitio extraordinaria.* Ajoutons que les deux modes de procéder dont nous parlons sont également rapprochés dans la loi 9, § 4 *de jurejur.* (12.2).

(2) L. 9, § 3, D. *de min.* L. 16, § 3, D. *de procurat.* (3.3).

ment en usage ; dans la restitution des mineurs, au contraire, le premier système était plus employé que le second, qui néanmoins se rencontrait quelquefois, témoin la loi 13, § 1, D. *de min*.

Dans le second système, la première instance reçut des interprètes, le nom de *rescindens*, le deuxième s'appelait *restitutoria* ou *rescissoria actio* (1).

Laquelle de ces deux procédures fut le plus employée en Droit romain ? c'est ce qu'il est fort difficile de dire, et des auteurs qui ont traité l'*in integrum restitutio* de la façon la plus complète, M. de Savigny entre autres, se montrent très réservés dans leurs conjectures à ce sujet. Dans le cas où les deux manières de procéder étaient possibles, le préteur devait pouvoir employer celle qui lui convenait le mieux ou qui était la plus avantageuse pour les mineurs ; d'autre part, et indépendamment des considérations qui pouvaient porter le préteur à employer de préférence l'une ou l'autre, la *sola cognitio* dût l'em-

---

(1) Si le mot *rescindens*, ne se rencontre pas dans les textes, on y trouve au contraire les mots *restitutoria* ou *rescissoria actio*. L. 25, § 8, *ex quib. caus*. (4. 6.), L. 24 C. *de rei vendic*. (3. 32), L. 18 C. *de jure postliminii* (8. 51), ce mot est même employé par les jurisconsultes Romains, dans le cas où le rétablissement du droit antérieur est effectué en vertu du droit civil et non pas en vertu du droit prétorien : ex.: lorsqu'une femme s'engageait en qualité d'*ex promissor* envers un mineur, l'engagement de cette dernière était nul en vertu du senatus-consulte Vélleien, le droit civil rendait au mineur l'action contre le créancier primitif, à titre de *restitutoria actio*.

porter, à partir du moment où la procédure formulaire fut abolie ; le magistrat pouvait bien, il est vrai, déléguer à des juges le pouvoir de trancher telle ou telle question, mais il est probable qu'une fois que le magistrat avait pris connaissance de l'affaire, il faisait tout lui-même.

Il nous reste maintenant à parler d'une question controversée, nous voulons parler de la question de savoir si les parties pouvaient à leur choix demander au préteur d'employer telle ou telle façon de procéder ; M. de Savigny soutient l'affirmative, mais ne fournit aucun argument à l'appui de sa division.

Nous avons exposé, très sommairement, la procédure de la *restitutio in integrum*, nous allons consacrer le dernier chapitre de notre 2e partie à examiner également d'une façon très-brève, les effets de la *restitutio in integrum* (1).

CHAPITRE V

Effets de la Restitution

Abordons maintenant l'étude des effets de la restitution. Ainsi que nous venons de le dire, nous ne donne-

(1) Voir pour tout ce qui concerne la procédure de la *restitutio in integrum*, Keller, de la procédure civile et des actions chez les Romains, traduit de l'Allemand par Capmas, professeur à la Faculté de droit de Dijon.

9

rons que fort peu de détails sur cette matière, car, dans les chapitres qui précèdent, nous avons eu occasion de mentionner plusieurs fois des effets de l'*in integrum restitutio;* nous nous allons seulement dans ce dernier chapitre poser le principe, et en déduire les conséquences les plus saillantes.

Le principe, que nous trouvons posé dans les fragments des jurisconsultes insérés au Digeste, est qu'après l'intervention de l'*in integrum restitutio*, les parties doivent, autant que faire se peut, se retrouver dans le même état, qu'avant d'avoir fait le contrat que le préteur vient de mettre à néant (1).

Nous allons d'abord appliquer ce principe au cas où le contrat qui vient d'être détruit par l'*in integrum restitutio* est une vente dans laquelle un mineur se trouve soit vendeur soit acheteur.

Supposons d'abord que le mineur ait vendu une chose et qu'il ait obtenu la restitution contre cette vente, l'acheteur devra rendre non seulement la chose, mais les fruits, qu'il a perçus, le mineur de son côté devra rendre le prix et les intérêts du prix depuis le jour de la vente (2). Le jurisconsulte Paul admet qu'en pareil cas,

---

(1) L. 24, § 4, D. *de min.* « *Restitutio autem ita facienda est, ut unusquisque in integrum suum recipiat.* » *add.,* loi un D. *de reput.* (2. 48) et loi 20 *ex quib. caus.* (4.6).

(2) Loi 27, § 1, *in fin.* D. *de min.*

les intérêts du prix peuvent être compensés avec les fruits (1).

Mais, il pourrait arriver que le mineur fût dans l'impossibilité de rendre le prix, si par exemple il l'avait dissipé, dans ce cas, ne serait-il pas dispensé, par exception, de rendre le prix de la vente ? Nous croyons que si le mineur avait dissipé le prix qu'il a touché, il devrait d'abord se faire restituer contre le paiement dont il n'a pas profité, et ensuite si, une fois cette restitution accomplie, il subsiste encore une lésion, il pourra se faire restituer contre la vente et rentrer en possession de sa chose (2). Nous appliquerons les mêmes principes, dans le cas où le mineur au lieu d'être vendeur est acheteur, il rendra la chose avec les fruits et le vendeur lui rendra le prix avec les intérêts.

Nous trouvons des solutions analogues, lorsque le mineur a reçu un *mutuum*; dans ce cas, on accorde la restitution d'une façon très-large, car le créancier était libre de ne pas faire le contrat, la restitution consistera simplement alors à refuser au créancier l'action du contrat, le mineur se trouvera donc à l'abri de toutes poursuites si toutefois il ne s'est pas enrichi (3).

(1) Paul *Sent.*, lib. 1, tit. IX, § 3.
(2) Voir Ant. Faber, *rationalia in Pandect*, lib. IV, tit. IV, sur la loi 24, § 4.
(3) L. 24, § 4 et loi 27 § 1, D. *de min.*

Voyons maintenant quel effet produira la restitution, contre un contrat extinctif d'obligation.

Nous avons déjà traité cette question plus haut, nous n'allons en dire ici que quelques mots. L'acceptilation par exemple, produisant l'effet d'un paiement, a éteint de plein droit, non seulement l'obligation du débiteur principal mais celle des cautions, et si le mineur avait plusieurs débiteurs corréaux, l'acceptilation qu'il a faite à l'un d'eux a libéré tous les autres. La *restitutio in integrum* fait revivre toutes ces obligations, le préteur a dû aller jusque-là pour protéger efficacement le mineur, car si on n'avait fait revivre l'obligation que contre le débiteur principal, le mineur ne se serait pas trouvé dans le même état qu'avant l'acceptilation (1). Nous donnerons la même décision par une novation; nous savons seulement que si le mineur avait nové sa créance en acceptant une femme en qualité d'*expromissor*, la restitution ne serait accordée au mineur que si le premier débiteur est devenu insolvable.

Si le mineur s'est engagé lui-même en qualité d'*intercessor*, une fois le contrat annulé par la restitution, on devra rendre l'action contre le premier créancier (2).

Nous n'avons rien à dire au sujet de l'usucapion, il faudra simplement faire en sorte que le principe que nous avons posé en tête de ce chapitre soit observé.

(1) L. 27, § 2 D. *de min.*
(2) L. un. C. *de reputat.* (2. 48).

Voyons maintenant comment les chose se passeront lorsque le mineur se fera restituer contre l'acceptation ou la répudiation d'une succession (1).

Si le mineur se fait restituer contre une adition d'hérédité, la *restitutio in integrum* ne lui enlève pas sa qualité d'héritier, mais, en droit prétorien, il est considéré comme dépouillé activement et passivement des actions héréditaires (2), de plus, il est tenu de restituer tous les biens héréditaires qu'il a recueillis, les fruits qu'il a perçus et ceux qu'il n'a pas perçus par sa faute (3). Mais, il n'est tenu à aucune restitution ni a aucune indemnité pour les esclaves qui ont été affranchis par fidéicommis ou autrement, ou pour les dettes de la succession qu'il a payées ; on ne peut l'obliger en effet à restituer les esclaves affranchis, car nous savons que l'esclave une fois devenu libre ne peut plus être réduit en esclavage par l'effet de la restitution ; on ne pouvait pas non plus l'obliger à payer une indemnité, parce qu'il n'avait pu se dispenser de faire ces actes. Mais si le mineur n'avait fait adition que pour causer, par l'affranchissement des esclaves, un préjudice à celui qui devait

____

(1) Ce que nous allons dire des successions est également vrai des *honorum possessiones*, L. 24, § 2, D. *de min.*

(2) L. 21, § 5, *quod met. causa* (4.2), L. 7, § 5, L. 21, § 5 D. *de min.*

(3) L. 7, § 5, D. *de min.*, L. un., § 2, C. *de reput.*, (2. 48).

recueillir la succession à son défaut, il serait obligé de payer une indemnité : « *deceptis non decipientibus subve-* « *nit prætor.* »

Les choses se passeront à peu près de même, si le mineur se fait restituer contre son abstention, le droit prétorien ne peut lui rendre la qualité d'héritier qu'il a perdue à tout jamais, suivant le droit civil, mais il lui donne, à titre d'actions utiles, toutes les actions hérédi-taires (1), mais, en revanche, il est tenu de toutes les charges dont il aurait été grevé, s'il avait été héritier suivant le droit civil (2). On devra lui restituer tous les fruits perçus ; mais il n'a aucun droit aux esclaves qui ont été affranchis sans fraude, soit en vertu de *fidei-commis*, soit en vertu d'une disposition quelconque du testament. Nous avons vu également, en expliquant la loi 24, § 2, *de min.*, dans quel cas on refusait au mi-neur la restitution contre son abstention.

Parmi les autres effets de l'*in integrum restitutio*, nous rappellerons qu'elle profitait quelquefois aux fidéjus-seurs.

Quant à la question de savoir si la restitution laissait subsister à la charge du mineur une obligation naturelle même en l'absence de tout enrichissement, nous nous bornerons à dire que le mineur, après l'intervention de

______

(1) L. 21, §6, *quod met. causa* (4. 2), L. 7, § 10, *de min.* L.24, § 2, cod.

(2) L. 41 D. *quib. caus.* (4. 2).

l'*in integrum restitutio*, se trouve à peu près dans la même situation que le pupille qui a contracté *sine tutoris auctoritate*, et nous renvoyons, pour la solution de la question de savoir si ce dernier est obligé naturellement, même s'il ne s'est pas enrichi, à ce que nous avons dit, à ce sujet, dans le chapitre III de la première partie de ce travail (1).

APPENDICE

De la curatelle des mineurs de 25 ans et de l'*in integrum restitutio* à l'époque de Justinien

Nous avons, dans les chapitres qui précèdent, suivi les transformations de la curatelle et de l'*in integrum restitutio*, depuis leur origine jusqu'au rescrit des empereurs Dioclétien et Maximien qui assimilait le mineur pourvu d'un curateur au prodigue interdit ; il nous reste à voir, maintenant ce que ces deux institutions étaient devenues dans la dernière période du Droit romain.

Les différences qui séparaient la curatelle des mineurs

(1) Page 50, notes 1 et 2.

de 25 ans de la tutelle des pupilles, avait été en s'affaiblissant; *l'auctoritas tutoris* avait perdu son caractère solennel et offrait la plus grande analogie avec le *consensus curatoris;* du reste, dans le bas-empire, le tuteur et le curateur portaient le même nom (1).

La transformation que nous avons déjà remarquée dans la capacité du mineur de 25 ans pourvu d'un curateur, s'était définitivement accomplie, et ce dernier était entièrement assimilé à un pupille, c'était en quelque sorte, au moins pour les mineurs pourvus de curateurs, la continuation de la tutelle jusqu'à l'âge de 25 ans.

Nous croyons pouvoir affirmer, en effet, que, même à l'époque de Justinien, les mineurs, sauf les exceptions que nous avons déjà indiquées plus haut, n'étaient pas forcés de se faire nommer des curateurs, le témoignage des Institutes et de Théophile, que nous avons déjà eu occasion de citer, ne nous paraît pas douteux (2).

Nous avons vu que lorsque le mineur s'était fait nommer un curateur il devenait, aux termes d'une constitution de Dioclétien et Maximien, que nous avons étudiée plus haut (3) tout à fait incapable de contracter seul, mais que la présence du curateur n'empêchait pas

(1) Hugo. *Histoire du Droit romain*, Κηδεμων, T. II, p. 320.
(2) Voy. ci-dessus, page 32.
(3) Page 52 et suiv.

le préteur d'accorder, de temps à autre, l'*in integrum restitutio*; insensiblement, les cas où le pérteur consentit à l'accorder devinrent plus nombreux, et enfin on l'accorda avec une si grande facilité que les tiers n'avaient plus aucune sécurité lorsqu'ils traitaient avec des mineurs de 25 ans, même pourvus de curateurs.

Ainsi, cette mesure de protection inventée par le préteur pour le plus grand avantage des mineurs, tourna contre eux, et finit par ruiner leur crédit à cause de l'abus qu'en firent les magistrats romains.

Justinien, par une constitution qui est rapportée aux Institutes (1) mit fin à cet état de choses; il décida que les débiteurs qui voudraient se libérer envers les mineurs devraient ne payer leur dette qu'en vertu d'une *judicialis sententia*. Cela ne rétablissait pas entièrement le crédit des mineurs, mais cela permettait aux tiers de faire sans danger des actes qu'ils ne pouvaient éviter, tels que le payement d'une dette.

Il s'est élevé à ce propos une grave controverse : le débiteur qui avait payé en vertu d'une *judicialis sententia* était-il désormais à l'abri de toute restitution ou bien cette sentence du magistrat n'avait-elle d'autre effet que de diminuer les chances de lésion, et par suite les causes de restitution?

(1) Inst., Lib. 2, Tit. VIII, § 2 et L. 15 C. *de adm. tut.* (5.37).

M. de Savigny (1) soutient la seconde de ces deux opinions, suivant lui, en effet, la restitution était encore possible, mais naturellement fort rare; quoique M. de Savigny n'apporte aucun argument ni aucun texte à l'appui de cette opinion, nous sommes assez disposés à l'admettre, et nous en donnerons la raison suivante : à partir du moment où l'invention de la puissance du préteur permit de laisser de côté les effets du droit civil toutes les fois qu'ils étaient en opposition avec l'équité, aucune institution ne fut complétement à l'abri de l'*in integrum restitutio*. Nous avons vu, par exemple, le préteur réformant ce qu'il y avait de trop rigoureux dans le droit civil, accorder la restitution à des mineurs de 25 ans, quoique ces derniers fussent capables.

Ensuite, quand la curatelle eut été inventée pour fermer la porte à la restitution, nous avons vu néanmoins le préteur l'accorder contre les actes faits par le mineur, assisté de son curateur; enfin, on prit des précautions plus grandes encore, on défendit aux curateurs des mineurs de vendre des immeubles ou des meubles précieux appartenant à des mineurs, sans un décret du magistrat; (2) ce décret n'empêcha pas la restitution; on

(1) M. de Savigny. *Droit romain*, ch. iv, § 323.

(2) Sénatus-consulte rendu sur la proposition de Septime Sévère et constitution de Constantin. Voir ci-dessus, p. 50 et suiv.

l'accorda avec plus de discrétion, mais enfin on l'accorda encore sous prétexte que le décret du magistrat diminuait bien les chances de lésion, mais ne les supprimait pas. Alors intervint la constitution de Justinien, prescrivant au débiteur d'un mineur de ne lui payer le capital de sa dette qu'en vertu d'une *judicialis sententia*. Qu'y avait-il dans cette sentence du magistrat, exigée par Justinien, pour qu'elle pût faire à elle seule ce que toutes les institutions que nous venons d'énumérer n'avaient pu faire? L'habitude de restituer *in integrum* était prise, on dut jusqu'à la fin restituer les mineurs dans tous les cas où ils étaient lésés ; la *judicialis sententia* de Justinien, de même que le décret du magistrat exigé par Septime Sévère, laissait place à la lésion, il devait donc y avoir encore place pour la restitution.

Nous convenons parfaitement que ces raisons, en l'absence d'un texte, peuvent ne pas paraître bien concluantes, mais nous ne croyons pas que celles dont on se sert pour appuyer l'opinion contraire, aient beaucoup plus d'autorité.

Nous n'avons pas de modifications à signaler au sujet des actes contre lesquels le mineur pouvait demander la restitution, sauf, toutefois, en ce qui concerne les prescriptions. En effet, nous avons déjà vu plus haut (1) que les mineurs ne pouvaient se faire restituer contre les

(1) Page 100.

prescriptions de 30 ans et de 40 ans, mais que la restitution pouvait leur être accordée contre les prescriptions plus courtes ; sous Justinien, ils n'eurent plus besoin de secours contre ces dernières, car une constitution (1) décida qu'elles ne courraient plus contre les mineurs.

Quant à la prescription de la restitution elle-même, Justinien modifia la constitution de Constantin (2) et substitua au délai qui variait de 3 à 5 ans, suivant qu'il s'agissait de la province, de l'Italie ou de Rome, un délai unique de quatre années continues ; il décida en même temps que non-seulement la demande devait être formée, mais même l'instance entièrement terminée dans ledit délai (3). Il décidait aussi dans cette constitution, que pour les mineurs qui avaient obtenu la *venia ætatis*, la prescription ne serait pas encourue avant qu'ils n'aient accompli leur vingt-cinquième année.

Nous avons aussi à signaler quelques changements en matière de compétence. Sous Justinien, le droit d'accorder l'*in integrum restitutio* est toujours le privilége des hautes magistratures, mais ceux qui en sont investis ont le droit de charger des commissaires d'instruire une demande en restitution et de prononcer la sentence ; les juges qui

---

(1) L. 5 C. *in quib. causis* (2.41).
(2) L. 2 C. *Theod.* (2.16.), L. 5 C. *de temp.* (2.53).
(3) L. 7 C. *de temp.* (2.53).

sont chargés de juger sur une contestation quelconque peuvent aussi statuer sur une demande en restitution qui se présente accessoirement(1). Mais ce droit n'appartint jamais aux arbitres.

(1) L. 3 C. *ubi et ap. quem* (2.47).

DROIT FRANÇAIS

DE LA CAPACITÉ DU MINEUR ÉMANCIPÉ

INTRODUCTION.

Avant de passer à l'étude de la capacité du mineur émancipé dans notre droit moderne, il est indispensable de donner quelques détails sur l'émancipation dans l'ancien droit français ; malheureusement les renseignements que nous avons sur cette matière sont disséminés ; et par suite de la division de la France en pays de droit écrit et pays de coutumes, nous ne trouvons nulle part la théorie homogène de la capacité du mineur émancipé ; nous nous attacherons principalement à mettre en relief les points les plus propres à faire voir la transition entre le dernier état du Droit romain et notre législation actuelle.

Dans les pays de droit écrit et dans les pays de coutumes (1) qui admettaient la puissance paternelle dans le sens du Droit romain, l'émancipation avait pour but d'affranchir les fils de famille de la puissance paternelle.

Les formes de l'émancipation étaient celles du dernier état du Droit romain, celles qui avaient été établies par l'empereur Anastase, et par la Novelle 25 de l'empereur Léon, avec les changements qu'avaient nécessités les différences de juridictions. On pouvait émanciper en demandant au roi des lettres d'émancipation, qui étaient ensuite entérinées par le juge du lieu où le fils de famille avait son domicile ; l'usage s'établit ensuite d'émanciper en faisant simplement une déclaration au juge, qui en donnait acte, et cette déclaration était ensuite enregistrée au greffe ; cette pratique fut sanctionnée dans la suite par un édit.

La jurisprudence finit par admettre que l'émancipation pouvait résulter tacitement de ce qu'un enfant aurait eu pendant dix ans un établissement séparé de celui de son père, sans qu'il y eût eu de protestation de la part de ce dernier. Mais le mariage n'émancipait pas (2), de

(1) La coutume de Poitou, par exemple. Voir, à ce sujet, Meslé, *Traité des Minorités*, 1re partie, p. 43 ; Guyot, *Répertoire*, 1re édition, Paris, 1775, v° *Émancipation*, et Merlin, *Rep. eodem verbo*.

(2) Il faut faire une exception pour les pays de droit écrit du ressort du Parlement de Paris (Argou, inst. au Droit

sorte que pour les filles mariées il ne pouvait y avoir d'émancipation tacite lorsqu'elles avaient passé dix ans hors de la maison paternelle, car le père ne pouvant s'opposer à ce que la fille suivit son mari, n'était pas censé avoir donné son consentement tacite à l'émancipation.

On s'est demandé si l'émancipation ne pouvait pas s'opérer par une déclaration expresse du père faite par-devant notaire ; on pouvait donner à l'appui de l'affirmative les raisons suivantes : puisque le consentement tacite du père suffit pour émanciper, il doit en être de même, a *fortiori* d'une déclaration expresse faite en présence d'un notaire ; néanmoins cette manière d'émanciper ne fut en usage que dans le ressort du parlement de Toulouse ; où la déclaration faite par le père par-devant notaire importait émancipation lorsqu'elle avait été confirmée par le juge du lieu.

L'émancipation des mineurs n'existait pas dans les pays de Droit écrit ; en effet, la tutelle finissait à 14 ans pour les mâles et à 12 ans pour les filles ; à partir de cette époque, ils pouvaient disposer de leurs meubles et du revenu de leurs immeubles, l'émancipation se trouvait donc être sans utilité pour eux.

A l'origine, l'émancipation produisait les mêmes effets

français, t. II, p. 80). A Toulouse, il y avait sur ce point une coutume particulière, les enfants qui avaient reçu des donations en faveur du mariage étaient émancipés.

qu'en Droit romain ; elle mettait l'enfant en dehors de la famille de son père et l'empêchait de succéder en concours avec les enfants restés en puissance (1); mais, dans le dernier état de notre ancien Droit, l'émancipation n'avait plus d'autre effet que d'affranchir l'enfant de la puissance paternelle et de toutes ses conséquences ; il pouvait, désormais, disposer librement de ses meubles et du revenu de ses immeubles, et les obligations qu'il contractait étaient valables (2).

L'émancipation ne donnait pas la capacité de contracter mariage ; le mineur émancipé, tant qu'il n'avait pas atteint l'âge de 30 ans, ne pouvait se marier sans le consentement de son père.

Le père, en émancipant son enfant, perdait une partie de l'usufruit qu'il avait sur ses biens ; il ne gardait que la moitié de l'usufruit des biens adventices, advenus à l'enfant antérieurement à l'émancipation ; le père était tenu de donner caution, comme un usufruitier ordinaire, il pouvait même perdre l'usufruit par abus de jouissance.

Dans les pays de coutume, qui n'admettaient point la puissance paternelle, l'émancipation avait un autre caractère et d'autres effets ; dans ces pays, la puissance

(1) Argou, Inst. au Droit français, tome I, p. 30.

(2) Il y avait, en Provence, une émancipation d'une espèce particulière qui avait reçu le nom d'habilitation ; elle permettait seulement aux enfants d'acquérir des biens et des les administrer, mais ne leur donnait pas la faculté de tester (Denizart. Paris, 1768, v° *Habilitation*).

paternelle était analogue à la puissance tutélaire, et toutes deux cessaient lorsque les enfants arrivaient à un âge qui variait suivant les coutumes, mais qui, généralement, était fixé à 25 ans (1); il arrivait souvent que l'intérêt du mineur exigeait qu'on lui confiât avant cet âge l'administration de ses biens; de là la nécessité de l'émancipation, aussi bien pour les mineurs qui avaient encore leurs parents que pour ceux qui étaient en tutelle.

L'émancipation était généralement accordée par lettres de chancelleries, adressées au juge royal du domicile du mineur, et entérinées par ce juge sur l'avis des parents paternels et maternels, réunis en assemblée à cet effet; régulièrement, les lettres d'émancipation ne devaient être octroyées à un mineur qu'après qu'il avait atteint l'âge de la pleine puberté; néanmoins, il arrivait qu'en fait on en donnait avant cet âge, ce qui, du reste, était sans inconvénient, puisque les lettres d'émancipation ne produisaient d'effet qu'après leur entérinement qui n'avait jamais lieu que lorsque le juge avait pris l'avis des parents.

Dans certains pays, on tenta de s'affranchir de la nécessité d'obtenir des lettres d'émancipation; cette pratique finit par être permise dans les pays de Droit écrit, mais interdite dans les pays de coutume.

----

(1) Notons en passant cette disposition particulière à la Normandie, qui fixait, à 20 ans, la majorité de ceux qui étaient nés sûr le territoire de la coutume.

Le mineur émancipé était muni d'un curateur, qui lui était généralement donné par le juge, au moment de l'entérinement des lettres d'émancipation ; les fonctions de ce curateur consistaient à assister le mineur lorsqu'il avait à ester en justice.

Dans les pays de coutumes, le mariage émancipait, et les mineurs, ainsi tacitement émancipés, n'avaient pas besoin de curateurs pour ester en jugement, tant qu'il ne s'agissait que d'actes d'administration ou d'actions mobiliaires ; mais, si les immeubles du mineur étaient en jeu, il fallait qu'il se fît assister d'un tuteur aux actions immobiliaires.

L'émancipation donnait aux mineurs le droit de disposer de leurs meubles et des revenus de leurs immeubles ; ils pouvaient contracter toute espèce de convention en matière d'administration, sans qu'il leur fût possible d'obtenir la restitution, mais ils ne pouvaient, sans observer certaines formalités, aliéner ni hypothéquer leurs immeubles (1).

Les quelques détails que nous venons de donner sur l'émancipation dans l'ancien Droit sont nécessairement fort insuffisants, mais nous nous réservons de les com-

---

(1) Il y avait des exceptions à cette règle dans la coutume d'Anjou et dans la coutume du Maine ; les mineurs de 25 ans, majeurs de 20 ans, qui aliénaient leurs immeubles sans formalités faisaient un acte valable, mais rescindable pour cause de lésion ; on n'exigeait pas que la lésion fut énorme (Merlin, *Rép.*, v° *Emancipation*, § 2, n° 4.)

pléter au fur et à mesure que l'occasion s'en présentera, notamment à propos des actions en nullité et en rescision.

Maintenant, avant d'aborder l'étude de la matière que nous nous proposons de traiter, nous allons exposer, en quelques mots, la manière dont nous développerons notre sujet, et les divisions que nous comptons adopter.

Nous avons l'intention de traiter de la capacité du mineur émancipé, sans nous inquiéter des formes de l'émancipation que nous supposerons accomplie; nous laisserons également de côté tout ce qui à trait aux effets de l'émancipation, sur la personne du mineur, pour nous occuper exclusivement du régime de ses biens.

Rappelons seulement que l'émancipation ne donne pas au mineur une capacité équivalente à celle du majeur, et que, à l'égard de certains actes, sauf cette différence que le mineur émancipé agit lui-même, tandis que le mineur non émancipé est représenté par son tuteur, il doit être mis sur la même ligne que le mineur en tutelle. Nous avons donc, dans le cours de ce travail, à distinguer les actes pour lesquels le mineur émancipé jouit d'une capacité plus étendue que celle du mineur ordinaire, et ceux pour lesquels il doit y être assimilé, sauf la réserve que nous avons faite ci-dessus.

On sait également que le mineur émancipé est muni d'un curateur dont l'assistance lui est nécessaire pour l'accomplissement de certains actes ; nous serons donc obligé, lorsque nous traiterons des actes pour lesquels le mineur émancipé jouit d'une capacité plus étendue que celle du mineur ordinaire, de sous-distinguer les actes qu'il peut faire seul et les actes qu'il ne peut faire qu'avec l'assistance de son curateur.

Ceci posé, nous croyons pouvoir adopter la division suivante :

CAPACITÉ DU MINEUR ÉMANCIPÉ.

Chap. I. Des actes pour lesquels le mineur émancipé jouit d'une capacité plus étendue que celle du mineur non émancipé.

Chap. II. Actes pour lesquels le mineur émancipé doit être assimilé au mineur en tutelle.

Chap. III. Du mineur émancipé autorisé à faire le commerce.

Chap. IV. Sanction des dispositions de la loi qui règlent la capacité du mineur émancipé.

Appendice. Capacité du mineur émancipé relativement aux conventions matrimoniales.

CAPACITÉ DU MINEUR ÉMANCIPÉ

CHAPITRE I

ACTES POUR LESQUELS LE MINEUR ÉMANCIPÉ JOUIT D'UNE CAPACITÉ PLUS ÉTENDUE QUE CELLE DU MINEUR NON ÉMANCIPÉ.

Nous venons de voir, dans les pages qui précèdent, que, dans le chapitre que nous allons traiter, il est nécessaire de faire une subdivision et de traiter dans deux sections distinctes :

1° Des actes que le mineur émancipé peut faire seul;

2° Des actes pour lesquels la loi déclare l'assistance du curateur nécessaire et suffisante.

SECTION I

Des actes que le mineur émancipé peut faire seul.

Le principe de la capacité du mineur émancipé agissant seul est posé dans l'article 481 (1), qui est ainsi conçu : « Le mineur émancipé passera les baux dont la

____

(1) Nous ne ferons suivre les nᵒˢ d'articles d'aucune indication, lorsqu'il s'agira d'articles du Code civil.

« durée n'excède pas neuf ans, il recevra ses revenus et
« en donnera décharge, et fera tous les actes qui ne
« sont que de pure administration, sans être restituable
« contre ces actes, dans les cas où un majeur ne le
« serait pas lui-même. »

Nous pouvons faire remarquer, avant d'entrer dans le
détail des actes que le mineur émancipé peut faire seul,
que l'article 481 l'autorise à faire « *tous les actes qui ne
sont que de pure administration;* » par conséquent sa
capacité est inférieure à celle du tuteur du mineur non
émancipé, qui tient de l'article 450 le pouvoir d'administrer les biens du mineur en » *bon père de famille,* »
et à celle de la femme mariée séparée de biens, au sujet
de laquelle l'article 1536 s'explique en ces termes :
« Lorsque les époux ont stipulé par leur contrat de
« mariage qu'ils seraient séparés de biens, la femme
« conserve l'entière administration de ses biens, meubles
« et immeubles, et la jouissance libre de ses revenus (1). »

Nous voyons donc, par la comparaison de ces différents articles, que c'est avec intention que le législateur
s'est servi des mots « *pure administration* » dans l'article 481. Nous devrons donc interpréter cette disposi-

____

(1) L'art. 1449 donne une décision analogue : « la femme
« séparée soit de corps et de biens, soit de biens seulement,
« en reprend la libre administration; elle peut disposer de
« son mobilier et de l'aliéner.

tion restrictivement et refuser au mineur émancipé le droit de faire tout acte qui ne réunirait pas les caractères d'un acte de pure administration. Les actes qu'il aura pu faire, dans les limites tracées par l'article 481, sont aussi valables que s'ils avaient été faits par des majeurs, sauf ce que nous dirons plus loin de la réduction instituée par l'article 484, pour les cas où les actes faits par le mineur émancipé seraient des engagements excessifs.

Nous allons maintenant examiner en détail un certain nombre d'actes qui sont énumérés dans l'article 481 ainsi que d'autres actes, qui, bien que passés sous silence dans cet article, n'en peuvent pas moins être rangés parmi les actes de pure administration.

I

Le mineur émancipé passera les baux dont la durée n'excédera pas 9 ans.

Le mineur émancipé a le même droit que le tuteur et généralement que les personnes qui sont chargées d'administrer les biens d'autrui (1); ajoutons que lorsqu'un mineur émancipé, ne pourra renouveler un bail que deux ans ou trois ans avant l'expiration du premier, suivant qu'il s'agira de bail à loyer ou de bail à ferme, cela résulte de l'art. 1718 qui ne fait pas de distinction entre le mi-

(1) Art. 1718, 1429, 1430.

neur émancipé et le mineur non émancipé lorsqu'il dit, que les articles du titre du contrat de mariage, relatifs aux baux des biens des femmes mariées sont applicables aux baux des biens des mineurs (1).

II

Le mineur émancipé peut recev. . · ses revenus et en donner décharge.

Il en résulte qu'il peut toucher les loyers et fermages des biens qu'il aura loués conformément à la disposition de notre article; mais il va de soi qu'il ne pourra pas recevoir de loyers anticipés (2), car les loyers, avant l'époque de l'échéance sont un capital et non pas un revenu et nous verrons plus tard que le mineur ne peut recevoir un capital mobilier sans l'assistance de son curateur; si donc le mineur a dans un bail, stipulé un paiement de loyer d'avance, le locataire agira prudemment en ne payant qu'au mineur assisté de son curateur (3).

L'art. 481 nous dit que le mineur peut donner décharge

(1) Nîmes, 12 juillet 1821, Sirey, 22, t. II, p. 138.

(2) M. de Fremenville, t. II, n° 1057, Aubry et Rau, t. I, p. 547. Les renvois que nous faisons à l'ouvrage de MM. Aubry et Rau se réfèrent à la quatrième édition.

(3) Nous ne croyons pas que ceci doive s'appliquer au terme du loyer qu'il est d'usage de payer d'avance dans certains cas, pour garantir l'exécution des réparations locatives qui pourraient être nécessaires à l'expiration du bail.

de ses revenus, cela allait de soi, car celui qui a le pouvoir de recevoir doit nécessairement avoir le droit de donner quittance; certains auteurs avaient donc émis l'idée que l'art. 481 employait le mot décharge dans le sens de remise, nous ne pouvons admettre cette interprétation car le mineur ne peut pas disposer à titre gratuit, même de ses revenus.

On est cependant d'accord pour lui permettre de faire à ses fermiers certaines remises dans des cas déterminés, où elles constituent plutôt un acte de bonne administration qu'une libéralité.

De ce que le mineur peut percevoir ses revenus, on en a conclu à juste titre qu'il pouvait vendre ses récoltes, les coupes ordinaires de ses bois, car sans le pouvoir de faire ces actes il n'y a pas d'administration possible; mais, on a beaucoup discuté sur le point de savoir s'il pouvait seul vendre ses meubles corporels, en tant, bien entendu, que cette vente n'excède pas la mesure des actes d'administration. M. Troplong (1) défend la négative, en se fondant sur ce que le mineur émancipé ne peut pas recevoir seul un capital mobilier.

L'opinion de M. Troplong est partagée par plusieurs auteurs, au moins en ce qui concerne les universalités de meubles et les meubles précieux; car c'est à ces deux cas seulement, que l'on peut appliquer les dispositions

(1) Troplong, *Vente*, nᵒˢ 167.

des articles 482 et 452 (1). Quant aux meubles qui se détériorent ou qui sont mis hors de service, rien ne s'oppose à ce que le mineur émancipé les vende sans l'assistance de son curateur (2).

III.

Le mineur émancipé peut prendre lui-même à bail les biens d'autrui ; il peut acheter des meubles, de l'argenterie, des objets de toute nature sans que ses actes puissent être attaqués, si toutefois il les a faits au comptant ; mais, autrefois, on a soulevé la question de savoir s'il avait le droit d'acheter des immeubles. La négative a été admise par un arrêt de la Cour de Rouen, en date du 24 juin 1819 (3), on donnait comme motif que l'art. 481 autorise le mineur à faire des actes de pure administration, et que l'achat d'un immeuble ne peut à aucun titre être considéré comme un acte d'administration.

L'affirmative est admise aujourd'hui par un grand nombre d'autres, elle a même été consacrée par la Cour de cassation (4) ; elle s'appuie sur les arguments suivants :

(1) M. Demante, *Cours analytique*, t. II, n° 249 *bis* III.

(2) M. Valette, *Explic. somm. du liv.* 1 *du C. N.*, p. 315. MM. Aubry et Rau, p. 518, texte et note 3, n'admettent pas la distinction entre les meubles qui se détériorent et ceux qui ne se détériorent pas ; suivant ces auteurs, le mineur peut vendre seul les uns et les autres.

(3) Dalloz, *Rép. alphab.*, v° *Tutelle*, p. 781.

(4) Marcadé, tome II, n° 206. — Cass., 15 décembre 1832, Dalloz, 1833, I, 133.

L'art. 481, 2e alinéa, permet implicitement au mineur de faire des achats, et il ne distingue pas entre les achats de meubles et les achats d'immeubles ; on admet cette solution, non-seulement dans le cas où le mineur a acheté un immeuble avec ses revenus, ce qui n'est plus guère contesté, mais encore dans le cas où il aurait fait l'achat avec des deniers provenant de son capital ; on ne peut pas tirer d'objection contre ce système de l'art. 482. Cet article nous dit bien que le curateur surveillera l'emploi du capital mobilier, mais si le curateur ne l'a pas fait, il pourra bien être responsable de sa négligence ; mais l'achat d'immeuble fait par le mineur émancipé n'en sera pas moins valable (1).

Nous préférons admettre avec M. Demolombe (2), que le mineur émancipé peut faire des achats d'immeubles avec les économies qu'il peut faire sur ses revenus, mais qu'il ne peut employer à cet usage des deniers provenant de son capital ; nous pensons qu'il y aurait dans ce cas non pas seulement une responsabilité de la part du curateur, mais que l'achat d'immeubles, fait par le mineur avec son capital, devrait être considéré comme un acte excédant sa capacité.

La même distinction nous servira à résoudre la question de savoir si le mineur émancipé peut faire des répa-

(1) Voy. Aubry et Rau T. I, p. 540 texte et note 7.
(2) Tome VIII, nos 201.203.

rations d'entretien, des améliorations et même des em-
bellissements sur ses biens, et, en dernier lieu, s'il a la
capacité nécessaire pour faire les grosses réparations.

IV.

Le mineur émancipé peut en outre faire seul tous les
actes conservatoires, tels que renouvellement d'inscriptions hypothécaires, oppositions, réquisition d'apposition
des scellés, etc.

V.

Nous avons vu que le mineur ne serait restitué contre
les actes d'administration que dans les cas où un majeur
le serait lui-même ; nous croyons donc pouvoir conclure
de là, que le mineur peut, à raison de ses actes, plaider,
transiger et compromettre.

Personne ne conteste au mineur émancipé le droit de
plaider relativement aux actes d'administration, mais il
n'en est pas de même pour la transaction et le compromis : M. Demante enseigne que la transaction est comprise
dans la formule générale de l'art. 484 ; donc, pour que
le mineur émancipé puisse transiger même en matière
d'administration, il est nécessaire d'employer les formalités prescrites au mineur non émancipé par l'art. 467(1).

(1) Demante. *Cours analytique*, tome II, n° 227 et 227 *bis*.

Quant au compromis, il l'interdit implicitement au mineur par l'interprétation qu'il donne de l'art. 481. Suivant lui, lorsque l'art. 481 dit que le mineur ne sera restituable contre les actes d'administration, que dans les cas où un majeur le serait lui-même, le législateur a voulu faire entendre par là que le mineur émancipé n'était majeur, relativement aux actes d'administration; qu'en tant qu'il s'agissait de lui refuser la restitution, et que, par conséquent, il resterait soumis, relativement à ces actes, à toutes les autres conséquences de la minorité; donc, s'il plaide au sujet de l'administration de ses biens, la cause devra être communiquée au ministère public, aux termes de l'art. 83, 6°, P. C. Le mineur émancipé ne pourra donc pas compromettre, même pour une difficulté de cette nature, car l'art. 1004, du même code, défend de compromettre sur les causes qui sont sujettes à communication au ministère public (1).

Nous ne croyons pas devoir adopter les solutions que nous venons de rapporter, relativement à la transaction et au compromis, et nous envisageons, au contraire, la question de la manière suivante : à notre sens, le législateur a voulu dire, dans l'art. 481, que le mineur émancipé était majeur, relativement aux actes d'administration, et que, par conséquent, il était capable de faire tous les actes qu'un majeur pouvait faire, et si notre article

____

(1) Demante. *Cours analytique*, tome 11, n° 240 *bis*. I Marcadé, tome 11, p. 285.

s'est contenté de dire que le mineur émancipé ne pourrait se faire restituer contre les actes d'administration, c'est à titre d'exemple, et parce que la possibilité de se faire restituer est une des conséquences les plus saillantes de la minorité. En partant de ce principe, nous sommes amenés nécessairement à reconnaître au mineur émancipé la faculté de transiger et de compromettre sur des contestations relatives à l'administration de ses biens ; cette opinion qui est conforme aux travaux préparatoires, est enseignée aujourd'hui par des auteurs considérables (1).

VI.

Le mineur émancipé peut plaider seul, soit comme demandeur, soit comme défendeur, lorsqu'il s'agit de son mobilier. Cela résulte d'un argument *a contrario* tiré de l'art. 482, qui nous dit que le mineur émancipé ne peut intenter une action immobilière, ni y défendre, sans l'assistance de son curateur ; nous nous poserons, à ce sujet, la question de savoir si cette solution doit être admise, même dans le cas où l'objet de l'action serait un capital mobilier. Cette question est diversement résolue par les auteurs ; nous allons donner les arguments qui ont été apportés à l'appui des deux opinions qui se sont formées à ce sujet.

(1) Locré. *Législat. civ.* T. XV, p. 417. Aubry et Rau, tome I p. 540, texte et note 4.

M. Demolombe (1) soutient la négative, par la raison que, aux termes de l'art. 482, le mineur émancipé ne peut recevoir un capital mobilier, sans l'assistance de son curateur, et, si on lui permettait d'intenter seul une action ayant pour objet un capital mobilier, ou d'y défendre seul, il pourrait non-seulement compromettre le résultat du procès par inexpérience, mais encore si, au cours de l'instance, son adversaire, pour arrêter le procès, offrait de payer le capital en litige, le mineur émancipé ne pourrait pas le recevoir; puisqu'il n'est pas capable de recevoir un capital mobilier, on doit le déclarer incapable de la demander (2).

M. Valette (3) au contraire soutient l'affirmative; le mineur, il est vrai, ne peut pas recevoir un capital sans l'assistance de son tuteur, mais il ne faut pas confondre la capacité de recevoir un capital et celle de le demander, et de ce que le mineur ne jouit pas de la première, il faut se garder de conclure qu'il ne doit pas jouir de la seconde : la loi n'a pas exprimé la crainte que le mineur compromît plutôt le procès ayant pour objet un capital que celui qui a pour objet des revenus; elle a inter-

(1) Tome VIII, n° 284.

(2) Voir dans ce sens Aubry et Rau. T. 1, p. 551, texte et note 15.

(3) Explic. sommaire du liv. 1 du Code Nap., p. 317, 318. Marcadé tome II, art. 481 n° 2 paraît également de cet avis, car lorsqu'il dit que le mineur émancipé peut plaider seul en matière mobilière, il ne fait pas de réserves.

dit au mineur émancipé d'exercer seul les actions immobilières, elle lui permet, au contraire, d'exercer les actions mobilières et elle ne fait aucune distinction entre celles qui ont pour objet des capitaux et celles qui ont pour objet des revenus; quant à l'argument qui consiste à dire que si au cours du procès l'adversaire du mineur offrait de payer le capital, ce dernier ne pourrait pas le recevoir, nous y répondrons en disant que l'adversaire aura toujours la faculté, dans le cas où le mineur émancipé ne se mettrait pas d'accord avec son tuteur pour recevoir le capital, de faires des offres réelles suivies de consignation.

VII

Le mineur émancipé peut faire tous les actes que la loi lui permet, non seulement au comptant, mais encore à crédit, sauf, dans ce dernier cas, si les engagements sont excessifs, à appliquer l'article 484 qui permet de les réduire. L'article 85 (1) du projet, contenait une disposition qui défendait au mineur émancipé de contracter des engagements au delà du montant d'une année de ses revenus; ses créanciers n'avaient d'action contre lui que jusqu'à concurrence de cette somme; par conséquent, lorsque le mineur s'était obligé au delà des limites que lui imposait la loi, ses créanciers subissaient une réduc-

(1) Fenet, Tome X, p. 505.

tion au marc le franc. Cette disposition ne fut pas maintenue, car elle eût produit des résultats souverainement iniques; car, d'une part, les créanciers pouvaient ne pas connaître le chiffre des revenus du mineur, et même s'ils avaient pu le connaître, il leur était impossible de savoir si le mineur émancipé ne s'était pas obligé antérieurement envers d'autres personnes.

VIII

Nous avons dit que les engagements contractés par le mineur émancipé, à raison de l'administration de ses biens étaient valables, sauf réduction; les créanciers ont donc pour gage tous les biens mobiliers et immobiliers du mineur, aux termes de l'art. 2092, notons seulement que l'art. 2206 leur impose l'obligation de discuter les biens mobiliers du mineur avant de procéder à la saisie de ses immeubles.

IX

La question la plus controversée est, sans contredit, celle qui s'élève sur le point de savoir si le mineur émancipé peut seul consentir une hypothèque pour sûreté des obligations que la loi lui permet de contracter.

L'affirmative soutenue par Toullier et par Duranton (1), est un peu abandonnée aujourd'hui. Nous allons exposer

(1) Toullier. Tome II, n° 1208. Duranton, t. II, n° 673 et t. IX, p. 347.

les principaux arguments sur lesquels on a construit cette théorie :

1° La loi permet au mineur émancipé de s'obliger dans une certaine mesure ; et, tant qu'il ne dépasse pas cette mesure, ses obligations sont aussi valables que celles d'un majeur; par conséquent ses biens mobiliers et immobiliers sont, comme nous l'avons déjà dit, le gage de ses créanciers (2092). L'hypothèque n'a d'autre effet que d'affecter un immeuble déterminé à la sûreté d'une obligation (2114) et la faculté de s'obliger personnellement doit entraîner la capacité de consentir une hypothèque pour sûreté de l'obligation qu'on a pouvoir de contracter.

2° Du reste, la constitution d'hypothèque n'est pas interdite au mineur émancipé; on a, il est vrai, objecté à cela que l'hypothèque, contenant le germe de l'aliénation, devait être comprise dans la formule générale de l'art. 484; mais il est facile de répondre que le germe de l'aliénation n'est pas dans l'hypothèque mais dans l'obligation elle-même, car du moment où cette dernière est valable, elle donne au créancier le droit de faire saisir les immeubles; par conséquent, lorsque l'obligation est déclarée valable, il n'y a pas de raison pour que l'hypothèque ne le soit pas également.

3° Cette solution du reste est fort logique. En effet, les tiers qui ont fait au mineur émancipé les fournitures prévues par l'art. 2101, ont, sans aucun doute, un privilége sur les biens mobiliers du mineur. Les architectes et ouvriers, qui ont travaillé, pour le compte du mineur émancipé, auront sur ses immeubles le privilége que leur octroie l'art. 2103, n° 4. Enfin si le mineur qui a plaidé relativement à l'administration de ses biens, a perdu son procès, ses biens sont, en vertu du jugement, frappés d'une hypothèque judiciaire (2123); pourquoi donc ne pas admettre que le consentement du mineur puisse, toutes choses égales d'ailleurs, produire le même résultat que les causes mentionnées ci-dessus?

4° On exagère beaucoup les dangers de l'hypothèque; en effet, l'hypothèque ne fait pas autre chose que d'affecter un bien particulier au paiement d'une dette, et le créancier sera forcé de saisir le bien ainsi déterminé, et non pas celui qui lui conviendra le mieux. La condition du mineur est donc rendue plus favorable par la constitution d'une hypothèque.

5° Nous trouvons un dernier argument dans l'art. 6 du code de commerce; en effet, les dispositions de ce code relatives au mineur émancipé, élargissent les limites imposées par le Code civil, à la capacité de ce dernier; l'article 6 lui permettant d'hypothéquer ses biens pour sûreté des obligations nouvelles qu'il lui permet de contracter, il est permis de croire que notre article ne fait également, dans ce cas, qu'élargir au profit du mineur émancipé, le droit d'hypothéquer ses immeubles, droit que le Code civil lui donnait implicitement.

Nous allons maintenant faire voir que cette doctrine est inadmissible en réfutant successivement tous les arguments que nous venons de citer.

1° Il est bien vrai que pour qu'une hypothèque soit valable, il faut que l'obligation qu'elle garantit soit valable ; mais il n'est pas exact de dire que la validité de l'obligation principale doit entraîner la validité de l'hypothèque ; l'argument produit dans le système que nous repoussons, ne doit pas être accepté, car s'il était admis, il faudrait aller jusqu'à dire que tous les administrateurs qui ont la capacité d'obliger les biens d'autrui dans une certaine mesure auraient dans cette mesure le droit d'hypothéquer les immeubles confiés à leurs soins.

2° Il est faux que l'hypothèque ne soit pas interdite au mineur émancipé, en effet, l'article 2124 nous dit que l'hypothèque ne peut être consentie que par les personnes qui ont la capacité d'aliéner, et nous savons que les mineurs émancipés ne peuvent pas aliéner leurs immeubles ; de plus, l'article 2126, décide que les immeubles des mineurs, ne peuvent être hypothéqués que pour les causes et dans les formes établies par la loi, ou en vertu de jugements, et cet article ne fait aucune distinction entre le mineur émancipé et le mineur non émancipé. Enfin, si l'art. 484 ne mentionne pas l'hypothèque, il ne faut pas en conclure, qu'elle est permise au mineur émancipé, car l'art. 484 ne mentionne pas l'acceptation d'une succession et nous savons néanmoins, que cet acte excède la capacité du mineur émancipé.

3° On ne peut pas tirer argument de ce que les biens du mineur peuvent être frappés par les priviléges et par l'hypothèque judiciaire; dans ces cas, en effet, le consentement du mineur n'est pour rien, car pour ces priviléges, c'est la loi qui attache cette garantie, à certaines créances à raison de leur nature, et quant à l'hypothèque judiciaire, l'art. 2120, qui défend l'hypothèque des biens du mineur, en dehors des conditions fixées par la loi, fait une exception pour l'hypothèque judiciaire.

4° On ne peut même pas sérieusement soutenir que l'hypothèque ne nuit pas au débiteur; si, elle force le créancier à exercer ses droits sur un immeuble déterminé, elle n'empêche pas les autres biens d'être affectés à la sûreté de la dette, en cas d'insuffisance des biens hypothéqués. L'hypothèque, du reste, s'attache à l'immeuble et crée de sérieuses difficultés lorsqu'il s'agit de l'aliéner, de plus dans le cas qui nous occupe, le mineur se trouverait en partie au moins privé du privilége que lui accorde l'art. 2100, en exigeant que les créanciers procèdent à la discussion de ses biens mobiliers avant de pratiquer une saisie immobilière.

5° Nous tirons de l'art. 6 du code de commerce, un argument très-puissant en faveur de notre système ; en effet, si le législateur a permis dans cet article au mineur commerçant, d'hypothéquer ses biens, c'est que cette faculté n'existait pas au profit du mineur non commerçant.

Il nous reste à donner un argument qui, à notre sens est d'un très-grand poids dans la question qui nous occupe; c'est que si le mineur pouvait ainsi hypothéquer ses biens il aurait un moyen d'éluder la défense, de les aliéner (1).

SECTION II.

Des actes pour lesquels l'assistance du curateur est nécessaire et suffisante.

Les actes pour lesquels la loi exige l'assistance du curateur sont énumérées dans l'art. 480, qui dit que le mineur émancipé peut recevoir son compte de tutelle avec l'assistance de son curateur, et par l'art. 482, aux termes duquel le mineur ne peut intenter une action immobilière, y défendre, ni recevoir un capital mobilier sans l'assistance de son curateur.

I.

Sur le premier point, nous n'avons absolument rien à dire; nous nous bornerons à constater que l'art. 480 permet au mineur émancipé de recevoir son compte de tutelle avec l'assistance de son curateur.

(1) Aubry et Rau. Tome I, p. 551, texte et note 12. M. Valette sur Proudhon, t. II, p. 310. Demolombe, t. VIII, n° 289 et suiv. Demante. *Cours analytique.* T. II, n° 253 *bis*, IV.

II.

Le mineur ne peut recevoir un capital mobilier ni en donner décharge sans l'assistance de son curateur; l'adjectif mobilier ajouté au mot capital dans l'art. 482, est un souvenir de l'ancien droit où certains capitaux, les rentes foncières notamment, étaient immobilières; du reste le législateur ne savait pas, en rédigeant l'art. 482, que l'art. 529 détruirait la différence qui existait autrefois entre la rente foncière et la rente constituée; les termes de l'art. 482 peuvent même encore aujourd'hui avoir une certaine importance, puisqu'il a été permis d'immobiliser des rentes sur l'État et des actions de la Banque de France (1).

On doit considérer comme capital pour l'application de l'art. 482, tout ce qui n'est pas intérêt, arrérage ou fruit, et les sommes, si minimes qu'elles soient, payées à titre d'à-compte sur une créance plus considérable.

Nous pensons que l'incapacité de recevoir un capital sans l'assistance de son curateur, frappe le mineur émancipé pour tous les capitaux, même pour ceux qui proviennent de ses économies, quoique certains auteurs aient soutenu qu'il devait avoir la libre disposition (2) de

(1) Décret du 16 janv. 1808, art. 7. Décret du 1er mars 1808, art. 2 et 3. Voy. Aubry et Rau, t. I, p. 552, texte et note 2.

(2) Toullier, T. II, nº 1208.

ces derniers, parce que, disent-ils, c'est une manière de l'encourager à économiser ; nous ne partageons pas cette manière de voir, car nous ne trouvons dans l'art. 482 le germe d'aucune distinction (1).

Une autre question assez importante a été soulevée, c'est celle de savoir si le mineur émancipé à qui échoit une succession, peut, sans l'assistance de son curateur, s'emparer des capitaux qui peuvent se trouver dans la caisse du défunt. Les textes sont muets sur ce point, seulement la Cour de Rouen (2) a rendu un arrêt sur une question semblable : il s'agissait de savoir si une personne pourvue d'un conseil judiciaire, à qui l'art. 511 défend également de recevoir un capital mobilier sans l'assistance de son conseil, pouvait s'emparer seule des capitaux renfermés dans la maison d'une personne dont la succession lui était échue ; la Cour a décidé que le conseil judiciaire n'ayant à aucun titre le droit de pénétrer dans la maison mortuaire, il fallait forcément admettre que la personne munie d'un conseil judiciaire pouvait en pareil cas se saisir seul des capitaux.

L'analogie entre la personne munie d'un conseil judiciaire et le mineur émancipé est trop grande pour que nous ne nous croyions pas autorisé à appliquer au mineur

(1) Aubry et Rau. P. 552, texte et note 3. Demolombe. Tome VIII, nº 220. Proudhon. *État des personnes*, t. II, p. 433. Marcadé. T. II, art. 482.

(2) Rouen, 19 avril 1847. Dev. 1847, II, 363.

émancipé la solution donnée par la Cour de Rouen pour la personne munie d'un conseil judiciaire, bien que cette solution soit contraire à l'intérêt du mineur et qu'elle rende fort difficile pour le curateur l'accomplissement de l'obligation qui lui est imposée de surveiller l'emploi des capitaux reçus.

De ce que le mineur émancipé ne peut pas recevoir seul un capital mobilier, nous sommes forcés de conclure qu'il ne pourra pas faire seul le commandement préalable aux poursuites, car l'huissier à qui l'on donne mandat de signifier un commandement, a, par là même, mandat de toucher et de donner décharge, et ce pouvoir ne peut pas être donné par le mineur qui ne l'a pas lui-même (1).

Les tiers débiteurs du mineur devront donc, s'ils sont prudents, ne payer les capitaux qu'ils doivent qu'entre les mains de leur créancier assisté de son curateur, sans quoi, si le mineur dissipait l'argent, les débiteurs pourraient être obligés de payer deux fois. Mais si le curateur, après avoir assisté le mineur au moment de la réception du capital, ne s'inquiète pas d'en surveiller l'emploi, et que, par suite de cette négligence, le mineur l'ait dissipé, les débiteurs ne seront pas garants de l'emploi du capital, et le curateur sera seul responsable.

(1) Aubry et Rau. T. I, p. 553, texte et note 0.

III

Nous allons maintenant examiner la question de savoir si le mineur émancipé peut vendre avec la seule assistance de son curateur ses meubles incorporels, tels qu'actions dans les compagnies de finance ou d'industrie, les créances ou les rentes sur des particuliers, les offices ministériels et les fonds de commerce.

La loi ne nous donne aucune solution sur ce point, il faut donc se rattacher aux principes généraux. La question se pose exactement dans les mêmes termes pour le tuteur du mineur non émancipé ; nous allons donc examiner la question de savoir si le tuteur peut vendre des meubles incorporels appartenant à un mineur sans l'autorisation du conseil de famille, puis, nous transporterons la solution que nous aurons admise dans la matière du mineur émancipé, car ce dernier n'a besoin de l'autorisation du conseil de famille que dans les cas où le tuteur du mineur émancipé en aurait besoin lui-même.

Examinons d'abord la question, au sujet des actions dans les compagnies de finances et d'industrie, et au sujet des rentes et créances des particuliers.

Suivant une opinion consacrée par des arrêts, mais que nous n'avons pas l'intention d'adopter, le tuteur est astreint à certaines formalités, pour vendre des meubles incorporels de cette nature, car l'art. 452 prescrit au tuteur de vendre aux enchères publiques, après affiches, et en présence du subrogé-tuteur, dans le mois qui suivra la clôture de l'inventaire, tous les meubles autres que ceux que le conseil de famille l'a autorisé à conserver en nature. Cet article 452 s'applique non-seulement aux meubles corporels, mais aux meubles incorporels, ainsi que cela est manifestement prouvé par l'exposé des motifs de la loi du 23 mars 1806. (1)

Du reste, la loi du 24 mars 1806 a dispensé de ces formalités, certaines classes de meubles incorporels, en décidant que les rentes sur l'État seraient vendues à la Bourse, au cours du jour, avec l'autorisation du conseil de famille ; en effet, puisqu'il y a un marché public, les formalités de l'art. 452 étaient inutiles.

Par analogie, les meubles incorporels, qui, de même que la rente sur l'État, ont un cours public, doivent être vendus au cours du jour par le tuteur autorisé du conseil de famille ; quant à ceux qui n'ont pas de cours, comme les rentes et créances sur des particuliers, il faut appliquer à la lettre l'art. 452 (2), et toutes les ventes qui ont été faites, sans l'accomplissement de ces formalités, engageront non-seulement la responsabilité du tuteur, mais pourront être déclarées nulles vis-à-vis des tiers.

Mais en ce qui concerne les rentes et créances sur des particuliers, les partisans de ce système se divisent lors-

(1) Locré. *Législat. civ.* T. VII, p. 308.
(2) Proudhon. *État des personnes.* II, p. 378. Voy. Douai, 28 juin 1843.

qu'il s'agit de décider si, pour la vente de ce genre de meubles incorporels, l'autorisation du conseil de famille sera nécessaire ; suivant les uns, l'autorisation du conseil de famille ne doit pas être exigée, car l'art. 452 exige la vente aux enchères précédée d'affiches, en présence du subrogé-tuteur, mais ne parle pas du conseil de famille ; suivant les autres, au contraire, cette autorisation doit être toujours exigée, parce que la loi du 24 mars 1806 ne dispense de cette formalité que les inscriptions de rente sur l'État au-dessous de 50 francs, et que, par conséquent, pour la vente de tous les autres meubles corporels sans exception, l'autorisation du conseil de famille est indispensable.

Nous n'admettons pas cette doctrine, et nous allons en donner les raisons le plus brièvement possible. D'abord, l'art. 452 ne s'applique pas aux meubles incorporels, l'interprétation qui a été donnée à cet article par le rapporteur, dans l'exposé des motifs de la loi du 24 mars 1806, est évidemment fausse ; nous en trouvons la preuve dans le texte même de l'article en question ; en effet, l'article 452 enjoint au tuteur de vendre, dans le mois qui suivra la clôture de l'inventaire, etc..., les meubles autres que ceux que le conseil de famille l'aura autorisé à *conserver en nature*; or, ces mots *conserver en nature* ne peuvent s'appliquer qu'à des meubles corporels.

De plus, l'ordonnance d'Orléans de janvier 1560, dans son article 101, contenait une disposition qui obligeait les tuteurs et curateurs des mineurs, à faire vendre par autorité de justice les meubles périssables appartenant au pupille ; les meubles corporels seuls étaient considérés comme périssables ; il n'est pas probable que le législateur ait voulu s'écarter de la décision donnée par l'ordonnance d'Orléans.

En dernier lieu, si on admet que l'art. 452 s'applique aux meubles incorporels, cela ne prouvera pas que l'autorisation du conseil de famille soit nécessaire, puisque cet article exige certaines formalités au nombre desquelles nous ne trouvons pas l'autorisation du conseil de famille, mais il faudra absolument déduire cette conséquence, que la loi impose au tuteur l'obligation de vendre tous les meubles incorporels appartenant au mineur, si le conseil de famille ne l'autorise pas à les conserver ; les auteurs dont nous combattons le système n'ont pas osé aller jusque-là (1).

Nous pouvons conclure des arguments que nous venons de développer, que la loi n'a pas prévu la vente des meubles incorporels, elle ne l'a pas ordonnée, mais elle ne l'a pas défendue ; et nous allons essayer d'établir qu'elle n'y a mis aucune condition.

La puissance tutélaire était très-étendue à l'origine, et la capacité du tuteur équivalait à la capacité d'un propriétaire ; ce n'est que par suite de restrictions succes-

______

(1) Demante, *Cours analyt.* T. II, n° 210 *bis*.

sives, dont nous trouvons les traces dans la loi, qu'elle est devenue ce qu'elle est aujourd'hui : nous croyons donc qu'il est permis de poser en principe que le tuteur a le droit de faire seul et sans formalité, tous les actes que la loi ne lui interdit pas, et tous ceux auxquels une disposition législative spéciale n'a pas attaché de formalité (1). L'art. 457 interdit au tuteur d'aliéner les immeubles appartenant à son pupille, sans l'autorisation du conseil de famille et l'homologation du tribunal ; l'art. 452 réglemente la vente des meubles corporels, mais nous ne voyons nulle part de disposition concernant les meubles incorporels.

La loi du 24 mars 1806, et le décret du 25 sept. 1813, n'ont rien changé à cet égard, puisqu'ils ne s'appliquent qu'aux rentes sur l'État et aux actions de la Banque de France. On peut trouver, il est vrai, que la loi a laissé sur ce point une trop grande latitude au tuteur, mais cela n'a pas plus d'inconvénient que de lui permettre de toucher seul et sans contrôle, tous les capitaux appartenant au mineur. Nous croyons avoir démontré que le tuteur pouvait vendre sans l'autorisation du conseil de famille, les actions et les rentes sur des particuliers appartenant au mineur ; il est facile de voir que le mineur émancipé pourra les vendre avec l'assistance de son curateur, puisque l'on sait que le mineur émancipé n'a pas besoin

(1) M. Demolombe. T. VIII, n° 597.

de l'autorisation du conseil de famille, dans les cas où cette autorisation n'est pas imposée au tuteur.

La même question se pose au sujet de la vente d'offices ministériels appartenant à des mineurs ; nous allons employer le même procédé que ci-dessus et examiner si le tuteur peut vendre seul un office ministériel appartenant à son pupille.

Plusieurs auteurs, parmi lesquels nous trouvons M. de Fréminville (1), ont soutenu que l'autorisation du conseil de famille était nécessaire, parce qu'il n'est pas possible que la loi qui impose au tuteur certaines formalités pour la vente des meubles corporels, ait permis au tuteur de vendre à son gré les meubles incorporels du mineur, et surtout les offices ministériels qui, la plupart du temps, constitueront en grande partie au moins, le patrimoine du mineur ; en conséquence, ils sont d'avis qu'il faut appliquer aux offices l'art. 452. On argumente également dans ce sens, d'une circulaire ministérielle, aux termes de laquelle les présentations faites au ministère de la justice, ne seront admises que si elles sont accompagnées d'une expédition de la délibération du conseil de famille qui approuve le traité.

Néanmoins nous ne partageons pas cet avis et nous préférons soutenir avec MM. Demolombe, Aubry et Rau,

____

(1) M. de Fréminville. *Traité des minorités.* T. 1, nᵒˢ 232, 233.

que l'art. 452, ne peut pas s'appliquer aux offices ministériels qui ne sont pas susceptibles d'être vendus aux
enchères, et que d'ailleurs cet article leur fût-il applicable, l'autorisation du conseil de famille ne pourrait
pas être exigée car l'art. 452 n'en parle pas.

On fait observer également que la cession d'un office
ministériel n'est pas une vente mais simplement un contrat par lequel le titulaire d'un office ministériel ou ses
ayants droits, s'engagent à présenter à l'agrément du
Garde des Sceaux une certaine personne, qui s'engage à
payer une somme déterminée en échange de ce service ;
c'est donc un contrat innommé et non pas une vente, et
par suite il ne tombe sous le coup d'aucune disposition pro-
hibitive de la loi ; par conséquent, la cession faite par le
tuteur seul, serait valable à l'égard des tiers, le tuteur
néanmoins agirait prudemment, en demandant l'autorisation du conseil de famille pour mettre sa responsabilité à couvert.

Quant à la circulaire ministérielle qui exige une expédition de la délibération du conseil de famille, c'est une
précaution de l'administration qui n'a aucune influence
sur la question de savoir si la cession faite par le tuteur
seul est ou n'est pas valable à l'égard des tiers (1).

La question se présente sous un autre aspect au sujet

(1) Aubry et Rau, P. 558 et p. 400.401, texte et notes
68 à 72.

des fonds de commerce ; en pareil cas, il y a effective-
ment d'une part les marchandises et le matériel, qui sont
des meubles corporels, et qui par suite sont susceptibles
d'être régis par l'art. 452, et d'autre part, la clientèle et
le nom du fonds de commerce qui ne peuvent pas être
traités de la même façon.

Nous donnerons cependant la même décision qu'en
matière d'office ministériel, car, outre que les marchandises et le matériel ne sont que des accessoires, il y a de
nombreuses raisons pour ne pas appliquer à un fonds de
commerce la vente aux enchères. En effet, les formalités
prescrites par l'art. 452, entraînent des délais assez longs
qui peuvent être préjudiciables au fonds de commerce,
et la publicité aurait l'inconvénient de faire connaître au
public l'état des affaires, qui, autant que possible, ne doit
être connu que de l'acheteur.

Il est facile de voir que le mineur émancipé n'aura pas
plus besoin de l'autorisation du conseil de famille que le
tuteur du mineur non émancipé (1).

______

(1) M. Valette, *Explicat. som. du liv. I du Code Nap.*,
p. 320, est également d'avis que pour la vente des meubles incorporels, le mineur émancipé n'a pas besoin de
l'autorisation du conseil de famille. il paraît même admettre
que l'assistance du curateur n'est pas nécessaire, bien qu'il
reconnaisse qu'il sera prudent de la part des tiers d'exiger et
l'assistance du curateur, et l'autorisation du conseil de famille, lorsque le meuble incorporel ainsi vendu aura une
valeur importante.

IV

Il y a cependant une exception au principe que nous venons de poser, pour la vente des meubles incorporels, lorsqu'il s'agit de rentes sur l'état ou d'actions de la banque. La loi du 24 mars 1806, et le décret du 25 septembre 1813 exigent l'autorisation du conseil de famille lorsqu'il s'agit de vendre des inscriptions de rente 5 0/0 et des actions de la banque ; toutefois ces mêmes actes législatifs dispensent de l'autorisation du conseil de famille lorsqu'il s'agit de vendre des inscription de rente de 50 francs et au-dessous, et une action de la banque de France, ou les coupons d'action dont l'ensemble ne forme pas la valeur de plus d'une action entière.

Nous ne doutons pas que la loi de 1806, et le décret de 1813 ne doivent être appliqués aux fonds publics créés postérieurement aux taux de 4 1/2 et de 3 °/₀; seulement il s'est élevé des difficultés sur le point de savoir quelle quantité de rente 4 1/2 et 3 °/₀ serait considérée comme l'équivalent de 50 fr. de rente 5 °/₀. M. Demante (1) décide qu'il faut prendre pour base le capital de 1000 francs, qui produit le revenu de 50 francs et que par conséquent 45 fr. de rente 4 1/2 ou 30 francs de rente 3 °/₀ devraient être considéré comme l'équivalent de 50 fr. de rente 5 °/₀. M. Vallette critique avec raison

(1) *Cours analytique.* Tome II, n° 220 *bis*, II.

cette doctrine, qui consiste à prendre comme base la valeur du capital qui est essentiellement variable au lieu du revenu qui est fixe et qui est seul pris en considération dans la loi de 1806; il vaut donc mieux décider aujourd'hui que la loi s'applique à toutes les inscriptions de 50 fr. de rente quel que soit du reste le taux d'émission, d'autant plus que lorsqu'il existe simultanément des rentes émises à des taux différents, le rapport du cours de la rente au chiffre du revenu est à peu près le même quelle que soit la rente que l'on considère (1).

Nous venons de voir que le mineur peut avec l'assissance de son curateur disposer de son mobilier incorporel ; il nous reste à faire observer que rien de ce que nous venons de dire ne s'applique à la cession de droits mobiliers indivis appartenant au mineur émancipé. Nous verrons prochainement quelles sont les conditions requises pour opérer valablement la cession de semblables droits.

V

Le mineur émancipé peut accepter une donation avec l'assistance de son curateur; l'art. 935 le dit formel-

(1) Exemple : Bourse du 2 janv. 1874.　3　%　58.35
4 ¼ %　84.05
5　%　93.60
pour le même capital de 1000 francs on aura avec ces cours :
51.30　de rente 3　%
53.50　—　4 ¼ %
53.20　—　5　%

lement ; néanmoins, certains auteurs, et notamment Proud'hon, soutiennent que le mineur a besoin de l'autorisation du conseil de famille pour accepter une donation ; ils raisonnent de la façon suivante : l'art. 484 soumet le mineur émancipé à toutes les formalités prescrites pour le mineur non émancipé, toutes les fois qu'il s'agit d'un acte qui excède les limites de l'administration, et l'acceptation d'une donation ne peut à aucun titre être considérée comme acte d'administration.

Mais on fait remarquer avec raison que l'art. 935 exige que le mineur émancipé soit assisté de son curateur pour accepter une donation, mais il ne prescrit pas l'autorisation du conseil de famille, et cela ne peut pas être considéré comme un oubli du législateur, puisque l'alinéa précédent qui traite de l'acceptation des donations faites au mineur émancipé, a soin de renvoyer à l'art. 463, qui, lui, mentionne l'autorisation du conseil de famille au nombre des formalités imposées au tuteur (1). De plus, il est parfaitement exact que le mineur émancipé est soumis à toutes les formalités imposées aux mineurs en tutelle, lorsqu'il s'agit de faire un acte qui excède les limites de l'administration ; mais, la loi peut très bien faire une exception à ce principe et décider que pour tel ou tel acte qui excède les bornes de l'administration, le mineur émancipé pourra se contenter de

_____

(1) Proud'hon, *État des personnes*, t. II, p. 431.

l'assistance de son curateur ; c'est précisément ce que le législateur a fait dans l'art. 935, pour l'acceptation des donations.

Cette solution du reste est parfaitement conforme à l'esprit de la loi et aux traditions. L'ordonnance de 1731, n'exigeait, dans aucun cas, l'autorisation du conseil de famille, pour l'acceptation des donations. Les rédacteurs du Code en exigeant dans l'article 463, que le tuteur du mineur se fît autoriser par le conseil de famille, pour accepter une donation faite à son pupille, ont exprimé par là même, d'une façon très-claire, que s'ils s'écartaient en ce point de l'ordonnance de 1731, ils entendaient s'y conformer pour tout le reste.

VI.

L'art. 935 donne lieu à une autre difficulté, que nous allons essayer de résoudre. Nous savons que les père, mère et autres ascendants du mineur, peuvent même du vivant des père et mère, accepter une donation faite à leur descendant ; il s'agit de savoir, si la donation acceptée par le mineur émancipé assisté de son curateur soit par un des ascendants, produira le même effet qu'à l'égard d'un majeur. La raison de douter est que l'article 463, nous dit, que la donation faite au mineur non émancipé, acceptée par le tuteur avec l'autorisation du conseil de famille produira le même effet qu'à l'égard d'un majeur, et que cette mention n'est pas reproduite par l'article 935.

Il ne faudrait pas conclure de là que la donation faite à un mineur émancipé, et acceptée par lui-même avec l'assistance de son curateur, soit par un de ses ascendants ne produira pas le même effet qu'à l'égard d'un majeur, car, ainsi que nous le verrons plus tard, un mineur n'est pas restituable contre les actes qui ont été régulièrement faits par lui ou par ses représentants légaux ; or, si la donation a été acceptée par le mineur assisté de son curateur, ou par un ascendant, l'acceptation ne peut pas être sujette à restitution, car, dans le premier cas, le mineur a agi dans les limites de la capacité que lui confère l'article 935, et dans le second, l'acte a été fait par les représentants légaux du mineur à l'effet d'accepter les donations.

(1) Bien que certains auteurs aient soutenu qu'au moins pour l'acceptation des donations avec charges, il fallait l'autorisation du conseil de famille pour que la donation produisit le même effet qu'à l'égard d'un majeur, nous ne croyons pas qu'il y ait lieu de faire une distinction que l'art. 935 ne comporte pas ; cette opinion est du reste conforme à la discussion qui a eu lieu au conseil d'État, Fenet, t. XII, p. 357-358. Quant à l'omission dans l'art. 935 de l'alinéa final de l'art 463, M. Valette ne la considère pas comme sans conséquence, et émet l'avis que les tribunaux auront dans ce cas le droit de déclarer l'acceptation non avenue de même qu'il réforment les décisions des conseils de famille. (Voy. ég. Demante cours analy., t. IV, n. 74 *bis* II).

VII.

Une autre question qui se rattache à la matière de l'acceptation des donations, est celle qui se pose sur le point de savoir si le mineur émancipé peut, avec l'assistance de son curateur, accepter un legs particulier; nous croyons devoir résoudre cette question affirmativement : en effet, un grand nombre d'auteurs ont décidé que le tuteur pouvait accepter les legs particuliers en vertu de l'art. 463 ; si donc les legs particuliers faits à des mineurs non émancipés sont régis par les mêmes dispositions que les donations, nous n'avons aucune raison pour ne pas faire également cette assimilation dans la matière du mineur émancipé, toutefois, les ascendants n'auront pas le droit d'accepter les legs au nom du mineur, car le legs donnant au légataire un droit acquis du jour du décès du testateur, il n'y a pas urgence d'accepter, comme en cas de donation, pour empêcher la révocation (1).

VII.

Le mineur émancipé peut aussi intenter des actions immobilières et y défendre, avec la seule assistance de son curateur.

On assimile généralement à ces actions, l'action en

(1) Valette, *Explication sommaire du liv. 1 du Code Nap.*, p. 205-206, texte et note I.

partage, et tous les auteurs admettent que le mineur émancipé peut défendre à une demande en partage avec l'assistance de son curateur, car, aux termes de l'art. 815, nul n'étant tenu de rester dans l'indivision, le mineur est toujours obligé de subir le partage si ses co-intéressés majeurs le demandent, et il était dès lors tout-à-fait inutile de demander au conseil de famille une autorisation qu'il ne pouvait pas refuser; mais un certain nombre de jurisconsultes, au nombre desquels nous comptons Delvincourt et Proudhon (1) enseignent que le mineur émancipé ne peut intenter une demande en partage qu'avec l'autorisation du conseil de famille.

Nous admettons, au contraire, avec la majorité des auteurs que l'assistance de son curateur lui suffit; en effet, l'art 482 permet au mineur émancipé d'intenter un certain nombre d'actions, seul, et n'exige, pour toutes les autres, que l'assistance de son curateur. Nous ne voyons pas de texte qui fasse une exception au sujet de l'action en partage.

Cette action ne peut pas tomber sous le coup de l'art. 484, qui nous énumère les actes pour lesquels le mineur émancipé sera soumis à toutes les formalités exigées pour le mineur en tutelle, il n'y est nullement question de l'action en partage, l'art. 482 ayant préala-

____

(1) Delvincourt, t. 1, p. 126, note 5, Proud'hon, État des personnes, t. II, p. 431.

blement réglé les conditions requises pour l'exercice de toute espèce d'action.

D'ailleurs, l'art. 840 nous prouve que l'assistance du curateur est seule nécessaire, en effet il y est dit : « Les partages faits conformément aux règles ci-dessus prescrites, soit par les tuteurs avec l'autorisation du conseil de famille, soit par les mineurs émancipés assistés de leur curateur .....sont définitifs ; ils ne sont que provisionnels si les règles prescrites n'ont pas été observées, » d'où il résulte clairement que le mineur émancipé peut provoquer un partage avec l'assistance de son curateur, puisque dans cet article, le législateur met le mineur émancipé, assisté de son curateur, sur la même ligne que le tuteur muni de l'autorisation du conseil de famille (1).

Tout ce que nous venons de dire de l'action en partage s'applique aussi bien au partage d'une Société qu'au partage d'une succession ou d'une communauté entre époux ; même lorsque ces universalités sont exclusivement composées de meubles.

VIII.

De ce que le mineur émancipé peut intenter une action en partage avec l'assistance de son curateur,

____

(1) Demolombe, t. XV, n. 557. Valette sur Proud'hon, t. II, p. 434, note (a) ; de Fréminville, t. II, N° 1058. Chabot, successions, art. 817, N° 3. art. 840, N° 4.

peut-on conclure que la femme mariée mineure peut, avec la seule assistance de son curateur, intenter contre son mari une demande en séparation de biens?

Les auteurs sont divisés sur la solution de cette question et de nombreux systèmes se sont formés; nous allons, sans entrer dans de trop longs détails examiner les principaux.

M. Demolombe parait admettre que la femme peut intenter une demande en séparation de biens avec l'assistance de son curateur, mais il fait remarquer que la demande en séparation de biens n'a pas seulement pour but d'arriver au partage de la communauté, mais qu'elle tend à détruire, au moins dans l'avenir, les conventions matrimoniales; que, par conséquent, elle a une importance plus considérable qu'une simple action en partage et qu'il serait possible de soutenir que l'autorisation du conseil de famille est nécessaire, bien que l'art. 482 permette au mineur émancipé d'intenter toutes les actions avec l'assistance de son curateur (1).

MM. Rodière et Pont enseignent au contraire que la femme mineure n'a pas besoin pour intenter une action en séparation de biens, d'autre autorisation que celle qui lui est donnée par le Président du tribunal et que l'assistance de son curateur ne lui est pas nécessaire, car

(1) Demolombe, t. VII, n, 300.

cette action n'est pas une action immobilière et no tend même pas immédiatement au remboursement de capitaux mobiliers ; mais une fois que la séparation de biens est prononcée, lorsque la femme voudra se faire rembourser de ses reprises, elle devra être assistée d'un curateur (1).

Nous pensons que la femme mineure qui veut intenter une demande en séparation de biens, doit être assistée d'un curateur, non-seulement pour recevoir le paiement de ses reprises, mais même pour former sa demande, car cette action a bien autant d'importance pour elle qu'une action immobilière ; il n'y a donc pas de raison pour qu'on se contente d'une moindre protection.

D'ailleurs, les anciens jurisconsultes pensaient que la femme devait, en pareil cas, être assistée d'un curateur et, dans la pratique du Châtelet de Paris, le procureur de la femme était généralement investi des fonctions de curateur; cette doctrine a, du reste, été soutenue depuis la rédaction du Code civil (2).

(1) Rodière et Pont., t. II, n. 819.

(2) Pigeau, t. II, p. 524. Il s'est produit plusieurs autres systèmes ; nous allons mentionner celui qui distingue si la femme est mariée sous le régime de communauté ou sous le régime dotal ; dans le cas où elle est mariée sous le régime de communauté, elle n'a pas besoin de curateur pour former sa demande, mais seulement pour exercer ses reprises ; si, au contraire, la femme est mariée sous le régime dotal, elle n'a pas besoin de curateur même pour la restitution de la dot, car elle est suffisamment protégée par l'inaliénabilité du fonds dotal, et l'obligation de remploi de capitaux mobiliers.

IX

Doit-on assimiler aux actions que nous venons d'énumérer, les actions qui intéressent l'état du mineur, et décider en conséquence que le mineur émancipé n'a besoin, pour intenter les actions d'état, que de l'assistance de son curateur?

La loi ne s'est expliquée nulle part à ce sujet, et les solutions les plus différentes ont été admises, soit par les auteurs, soit par la jurisprudence; ainsi, un arrêt a décidé que le mineur n'avait pas même besoin de l'assistance de son curateur pour intenter une demande en séparation de corps, tandis qu'un autre décidait que l'autorisation du conseil de famille, était nécessaire pour intenter une demande en nullité de mariage.

Nous admettrons que l'assistance du curateur doit être exigée pour l'exercice des actions d'état; parce que si le législateur a cru cette assistance nécessaire au mineur émancipé pour l'exercice de ses actions immobilières, il a dû penser qu'elle leur était encore bien plus nécessaire dans l'exercice des actions d'état, qui sont, sans contredit, les plus importantes; mais elle doit être suffisante, car l'article 482, qui régit l'exercice de toutes les actions, se contente toujours de l'assistance du curateur.

(1) Aubry et Rau, t. I, p. 511, textes et notes 15 et 17.

Cependant, pour l'action en séparation de corps, on pourrait soutenir que l'assistance du curateur n'est pas nécessaire, parce que ce n'est pas, à proprement parler, une action d'état, puisque le mariage n'est pas rompu ; on argumente encore, en ce sens, de ce que les articles 306 C. C., 875, 878 P. C., ne font, relativement à la demande en séparation de corps, aucune distinction entre les époux majeurs et les époux mineurs ; malgré ces raisons, M. Demolombe préfère enseigner que l'assistance du curateur est nécessaire, parce que, bien que la séparation de corps ne dissolve pas le mariage, elle modifie assez la condition des époux pour qu'on puisse la traiter comme une action d'état (1).

X

Il nous reste à traiter une question qui n'est pas sans importance, c'est celle de savoir comment se réglerait le conflit qui pourrait surgir entre le mineur émancipé et son curateur, dans le cas où le mineur voudrait agir, tandis que son curateur refuserait de l'assister, ou bien, lorsque le mineur se refuserait à f... e un acte que le curateur considérerait comme nécessaire.

Aucune de ces deux hypothèses n'a été prévue par la loi ; nous pensons que, dans le premier cas, le mineur pourra s'adresser au conseil de famille, qui enjoindra au

(1) Demolombe, t. VIII, Nos 311 et 312.

curateur de prêter son assistance, ou qui nommera un curateur *ad hoc*, dans le cas où le curateur général persisterait dans son refus (1).

Si au contraire, c'est le mineur qui ne veut pas agir, la question est plus difficile à résoudre, car le curateur ne peut, ni agir lui-même ni contraindre le mineur à agir ; cela sera, du reste, sans grand inconvénient la plupart du temps, car, la prescription ne court pas contre les mineurs ; cependant, cette inaction pourrait être préjudiciable au mineur dans les cas où il s'agirait d'interjeter appel ou de faire opposition à un jugement par défaut ; on admet généralement qu'en pareil cas, le curateur du mineur aura le droit d'agir seul, quoique les fonctions ne consistent qu'à assister le mineur (2).

(1) C'est la solution que l'on donne au sujet de la mère tutrice munie d'un conseil : lorsque le conseil refuse son assistance. Voy. Demante, Cours analyt., . II, n. 240 *bis* II.

(2) Cela a été décidé par la Cour de cassation, 8 décembre 1841, Dev. 42, 1. 60 et cass. 27 décembre 43, Dev. 44, I. 346, pour le conseil judiciaire d'un prodigue ; nous ne voyons pas de raison pour ne pas appliquer cette décision au mineur émancipé.

CHAPITRE II

Actes pour lesquels le mineur émancipé est complétement assimilé au mineur non émancipé.

L'article 481 pose en principe que le mineur émancipé ne pourra faire aucun acte autre que ceux de pure administration, sans observer les formes prescrites au mineur non émancipé ; nous avons vu que la loi elle-même faisait exception à ce principe, et qu'elle permettait au mineur émancipé de faire , avec la seule assistance de son curateur, certains actes qui excéderaient les bornes de l'administration ; mais pour tous les actes que la loi n'a pas exceptés formellement, le mineur émancipé doit se soumettre à toutes les formalités imposées au tuteur; nous allons examiner ces formalités dans les pages qui suivent.

I

Parmi les actes pour lesquels le mineur émancipé est astreint aux formalités dont nous venons de parler, nous rencontrons en première ligne, l'emprunt, que l'article 483 soumet à l'autorisation du conseil de famille et à l'homologation du tribunal de première instance, le procureur de la République entendu. Les mêmes formalités sont imposées par les articles 457, 458 au tuteur de mineur qui veut contracter un emprunt ; l'article 457 ajoute même que l'autorisation d'emprunter ne doit être donnée qu'en cas d'absolue nécessité ou d'avantage évident ; ces deux dernières conditions, n'étant pas reproduites dans l'article 483, faut-il en conclure que le mineur émancipé, peut emprunter sans qu'il y ait nécessité absolue ou avantage évident.

L'affirmative a été soutenue par Toullier, par M. de Fréminville (1), et même par MM. Aubry et Rau, dans les deux premières éditions de leur ouvrage ; ces auteurs se fondaient d'abord sur ce que l'art. 483 n'était pas, ainsi que nous venons de l'exposer, conforme à l'art. 487, et ensuite, sur ce que le législateur en faisant un article spécial pour l'emprunt (483), alors qu'il existait un autre article qui le comprenait dans la généralité de ses termes (484), avait voulu établir une différence entre les conditions auxquelles un mineur émancipé pouvait contracter un emprunt, et celles qui étaient imposées au tuteur du mineur non émancipé pour faire ce même acte.

Nous préférons soutenir l'affirmative à laquelle sont revenus MM. Aubry et Rau, dans leur troisième et quatrième édition. En effet, nous remarquons que d'une part, l'art. 484 est absolu et lorsqu'il assimile le mineur émancipé au mineur qui ne l'est pas, pour tous les actes

(1) Toullier, t. II, n. 1298, de Freminville, t. II, n. 1008.

qui ne sont pas de pure administration, cela s'applique certainement à l'emprunt ; et quand il parle des formes prescrites au mineur non émancipé, il entend désigner par là non-seulement l'autorisation du conseil de famille et l'homologation du tribunal, mais de toutes les autres conditions, de quelque nature qu'elles soient, qui sont imposées au mineur en tutelle (1). Quant à l'existence d'un article spécial à l'emprunt, alors que l'art. 484 le comprenait implicitement on l'a expliqué historiquement (2). L'art. 483, qui formait l'art. 94 du projet, existait seul, et l'emprunt était le seul acte pour lequel le mineur émancipé était soumis aux formalités prescrites au mineur émancipé ; on aurait pu conclure de là que ces formalités n'étaient pas indispensables pour la vente des immeubles du mineur et la constitution d'hypothèque ; pour qu'il ne pût y avoir aucun doute, l'art. 484 fut ajouté sur la demande du tribunal ; l'art. 483 devenait dès lors inutile, il n'a cependant pas été supprimé.

Le mineur émancipé ne peut pas sans l'accomplissement des formalités ci-dessus mentionnées, emprunter, même jusqu'à concurrence d'une année de ses revenus ; le projet contenait un article qui le lui permettait, mais cette disposition fut supprimée (3). De ce que le mineur ne

(1) Aubry et Rau, t. I, p. 556, note 1.
(2) Locré, législat. civ., t. VII, p. 228, n. 30.
(3) Fenet, t. X, p. 565.

pouvait pas emprunter, on a conclu qu'il ne pouvait pas cautionner, c'eût été en quelque sorte lui permettre de faire indirectement ce que la loi lui défend de faire directement (1).

II

De même le mineur émancipé ne peut, sans l'autorisation du conseil de famille et l'homologation du tribunal, aliéner ses immeubles, même ceux qu'il aurait achetés avec les économies faites sur ses revenus, et il faudra, pour que la vente soit autorisée, qu'il y ait nécessité absolue ou avantage évident ; l'art. 458 prescrit même à ce sujet, qu'il doit être fourni, préalablement à l'autorisation, un compte sommaire des deniers ou effets mobiliers appartenant au mineur, et, comme il peut y avoir intérêt à vendre tel immeuble plutôt que telle autre, le conseil de famille indiquera les immeubles qui doivent être vendus (2).

Il peut arriver que le conseil de famille refuse son autorisation à la vente, l'art. 883 P. C. donne alors au curateur le droit de se pourvoir contre la délibération du conseil de famille, si toutefois elle n'a pas été unanime ; et le jugement rendu en cette matière sera sujet à appel aux termes de l'article 889 du même code.

(1) M. de Freminville, t. II, N° 1069.
(2) Nous ne croyons devoir entrer dans aucun détail au sujet de l'homologation du tribunal, nous nous bornerons à renvoyer aux art. 885 à 888, Code de proc. civ.

Tout ce que nous venons de dire au sujet de la vente des immeubles du mineur s'applique à la constitution d'hypothèque.

Revenons maintenant à la vente ; dès que l'autorisation du conseil de famille aura été homologuée, ou que la délibération refusant d'autoriser aura été réformée par le tribunal, on procédera à la vente des biens du mineur, conformément aux articles 953 à 965 du Code de Proc. et à l'art. 459 du Code Civ.

Toutes ces formalités ne sont exigées qu'en cas de vente volontaire ; elles seraient au contraire inutiles en cas de vente forcée ; à quoi bon, en effet, demander une autorisation qu'on ne peut refuser ; ainsi, les créanciers du mineur, munis d'un titre exécutoire, pourraient procéder à la saisie de ses immeubles, cependant il existe en cette matière un privilége au profit du mineur, l'art. 2206 prescrit aux créanciers de discuter les biens mobiliers du mineur avant de procéder à la saisie de ses immeubles.

Ce que nous avons dit, ne s'applique pas non plus en matière d'expropriation pour cause d'utilité publique ; l'art. 13 de la loi du 3 mai 1841 permet, aux représentants des incapables, d'accepter à l'amiable les offres de l'administration après avoir obtenu, à cet effet, une autorisation donnée, sur simple requête, par le tribunal de première instance, en la chambre du conseil, après avoir entendu le ministère public. Le mineur émancipé pourra donc consentir, en pareil cas, la vente amiable de ses biens, avec l'assistance de son curateur, puisqu'il n'a pas de représentant et qu'il agit lui-même.

III.

Un autre acte, pour lequel la loi exige l'autorisation du conseil de famille et l'homologation du tribunal, est la transaction. Nous avons déjà vu que le mineur émancipé étant assimilé à un majeur pour tous les actes que la loi lui permet de faire seul, mais au-delà de cette limite il ne peut, comme nous venons de le dire, transiger qu'en employant toutes les formalités requises pour le mineur non émancipé.

L'art. 467 traite spécialement des formalités exigées pour la transaction; nous allons en étudier les dispositions. La transaction est un contrat par lequel les parties terminent une contestation née, ou préviennent une contestation à naître moyennant des sacrifices réciproques, c'est ce qui distingue la transaction de l'acquiescement qui ne comporte de concession que d'un seul côté. Il est facile de voir que la transaction pouvait servir de prétexte à des libéralités déguisées ; il est donc naturel que la loi ait voulu qu'un pareil contrat ne pût être fait qu'avec l'autorisation du conseil de famille et l'homologation du tribunal; mais de plus, la transaction est un contrat plus délicat que tous les autres, en ce sens que comme il comporte de la part des parties, des concessions et l'abandon d'une partie de leurs prétentions, il faut être suffisamment versé dans la pratique des affaires, pour peser avec une certaine exactitude les chances que l'une ou l'autre des parties pourrait avoir si la question venait à être portée devant les tribunaux ; en conséquence, la loi exige en plus des formalités que nous avons citées, que l'on prenne l'avis de trois jurisconsultes désignés par le procureur de la République près le tribunal de première instance.

Nous allons parler maintenant, à propos de la transaction, de la cession de droits indivis appartenant à des mineurs, dans une succession, dans une communauté de biens entre époux, ou dans une société, encore que ces universalités soient exclusivement composées d'immeubles. Nous avons déjà dit dans le chapitre précédent, que bien que le mineur ait le droit de vendre ses meubles incorporels avec l'assistance de son curateur, il n'avait pas le droit de consentir ainsi la cession de ses droits indivis. Il faut donc employer les formalités prescrites au mineur non émancipé ; mais comme il est impossible d'appliquer aux droits indivis les formalités des art. 458 et 459, certains auteurs ont émis l'avis que la cession de ces droits pourrait se faire sous forme de transaction en appliquant les formalités de l'art. 467 ; le mineur abandonnerait ses droits dans l'universalité moyennant une somme déterminée que lui donneraient ses co-associés (1).

IV.

Nous allons maintenant passer aux actes pour lesquels la loi se contente de l'autorisation du conseil de famille. Nous traiterons en premier, de l'acceptation et de la répudiation des successions échues au mineur.

L'art. 461 dit, que même avec l'autorisation du conseil de famille, l'acceptation ne pourra être faite que sous bénéfice d'inventaire. C'est avec raison que la loi a exigé l'autorisation du conseil de famille pour l'acceptation, bien que cette acceptation ne puisse avoir lieu que sous bénéfice d'inventaire, car nous savons que ce bénéfice ne garantit pas l'héritier de toutes chances de perte, et que notamment, s'il a reçu entre vifs des libéralités du défunt, il peut avoir un très-grand intérêt à répudier la succession pour garder la libéralité qu'il a reçue, si la part qu'il doit avoir dans la succession est inférieure à la donation qu'il a reçue ; de plus, il peut y avoir des considérations morales que le mineur ne serait pas à même d'apprécier en raison desquelles il serait préférable de répudier la succession.

Quand il s'agit de répudier une succession, certains auteurs se sont demandé (2) pourquoi la loi n'exigeait

(1) Aubry et Rau, p. 557, texte et note 8.
(2) Delvincourt, t. 1, p. 120, note 2.

pas l'homologation du tribunal, notamment lorsqu'il s'agit d'une succession comprenant des immeubles ; car répudier une succession c'est aliéner, et pour aliéner des immeubles, il faut au mineur l'autorisation du conseil de famille et l'homologation du tribunal.

Il est impossible d'admettre l'affirmative en présence du texte de la loi qui est formel ; du reste, il n'est pas exact de dire que répudier une succession c'est aliéner, car s'il est vrai que l'héritier, étant saisi des biens qui composent la succession, en est propriétaire (711.724), il n'en est propriétaire qu'avec cette faculté inséparable de la saisine, d'accepter ou de renoncer en se conformant aux dispositions de la loi.

Il en serait autrement si le mineur après avoir accepté la succession, voulait faire aux créanciers héréditaires, abandon des biens qui la composent. Il y aurait dans ce cas une véritable aliénation, qui nécessiterait l'autorisation du conseil de famille et l'homologation du tribunal.

On assimile généralement à l'acceptation et à la répudiation des successions, l'acceptation et la répudiation des legs universels et à titre universel.

L'acceptation d'une succession est irrévocable, et le mineur ne peut se faire restituer contre une acceptation régulièrement faite que dans les cas où un majeur lui-même le pourrait, c'est-à-dire dans les cas prévus par l'article 783.

Le mineur peut, au contraire, revenir s\. sa renonciation. L'article 462 lui permet, en effet, dans le cas où la succession n'a pas été acceptée par d'autres, « de » reprendre la succession dans l'état où elle se trouve, et » sans pouvoir attaquer les ventes ou autres actes légale- » ment faits pendant la vacance. » Cet article 462 n'institue pas un privilége au profit des mineurs, le même droit est donné aux majeurs par l'article 790, qui dit : « Tant que la prescription du droit d'accepter n'est pas acquise contre les héritiers qui ont renoncé, ils ont la faculté d'accepter encore la succession, si elle n'a pas été déjà acceptée par d'autres héritiers, sans préjudice néanmoins des droits qui peuvent être acquis à des tiers sur les biens de la succession, soit par prescription, soit par actes valablement faits avec le curateur à la succession vacante. »

Il s'est élevé une importante question à raison de la différence de rédaction de ces deux articles. L'art. 462, en effet, contient ces mots : « *Sans pouvoir attaquer les ventes et autres actes qui auraient été légalement faits durant la vacance,* » tandis que l'article 790 dit : « *Sans préjudice des droits qui peuvent être acquis à des tiers sur les biens de la succession, soit par prescription, soit par actes valablement faits avec le curateur à la succession vacante.* »

Doit-on conclure de ce que l'article 462 ne mentionne pas la prescription, que le mineur qui sera revenu sur sa renonciation, ne sera pas obligé de subir les prescriptions qui auront pu s'accomplir pendant la vacance?

Quelques auteurs enseignent l'affirmative en s'appuyant sur les arguments suivants (1) :

L'acceptation rétroagissant au jour de l'ouverture de la succession (777), les biens qui font partie de la succession sont donc, à partir de cette époque, biens de mineurs, et, aux termes de l'article 2252, la prescription ne peut pas les atteindre. Les termes de l'article 462 montrent clairement que le législateur n'a pas voulu faire une exception au principe que la prescription ne court pas contre les mineurs, puisque, dans cet article, il ne mentionne pas la prescription, dont, au contraire, il a eu bien soin de parler, dans l'article 790. On ne peut pas tirer argument de l'article 2258, qui dit que la prescription court contre les successions vacantes encore qu'elles ne soient pas pourvues de curateurs, car, suivant M. Marcadé, la vacance d'une succession ne peut pas plus suspendre la prescription au profit de personnes auxquelles la loi ne donne pas ce bénéfice, qu'elle ne peut l'enlever à celles à qui la loi l'a conféré.

Nous n'adoptons pas cette opinion, et nous avons, au contraire, l'intention de soutenir que le mineur qui revient sur sa renonciation est obligé de respecter tous

____

(1) Marcadé, t. III, art. 790, n. 3, Demante, Cours analyt., t. III, n° 111, bis. V.

les droits acquis à des tiers pendant la vacance, même ceux requis par prescription.

S'il est vrai, en effet, qu'aux termes de l'article 777 l'acceptation rétroagisse au jour de l'ouverture de la succession, il y a un autre principe posé par l'art. 785, c'est que l'héritier qui renonce est censé n'avoir jamais été héritier. Il y a une chose certaine, c'est que, pendant l'espace de temps qui a séparé la renonciation de l'acceptation, les biens qui composaient la succession n'étaient pas bi...s de mineur, puisqu'un héritier quelconque d'un degré plus éloigné aurait pu se présenter et accepter la succession; c'étaient, au contraire, des biens faisant partie d'une succession vacante et susceptibles d'être acquis par prescription aux termes de l'article 2258.

Lorsque intervient l'acceptation du mineur, elle rétroagit bien au jour de l'ouverture de la sucession, mais comme cette rétroactivité est une fiction, elle ne peut s'accomplir que dans les limites tracées par la loi, et, par suite, ne peut pas atteindre des biens qui, par suite d'autres dispositions législatives, avaient cessé de faire partie de la succession.

Quant à la différence de rédaction entre l'art. 462 et l'art. 790, nous ne pensons pas qu'on puisse en tirer argument; car, le principe posé pour les mineurs dans l'art 462, fut, dans la suite, étendu aux majeurs par l'art. 790; ce dernier article n'est donc que le développement du premier ; et, du reste , si l'article ne mentionne pas la prescription explicitement, nous pensons qu'elle y est désignée au moins implicitement; en effet, en disant, dans l'art. 462, que le mineur qui revient sur sa renonciation, ne pourra attaquer les ventes et autres actes légalement faits pendant la vacance, n'a-t-il pas entendu désigner la prescription qui, après tout , n'est autre chose qu'un acte légalement accompli pendant la vacance (2258) ?

Il pourrait arriver , du reste, que la prescription fût, pendant la vacance, opposée en justice à une revendication intentée par le curateur ; dans ce cas, le mineur qui accepterait la succession, serait bien obligé de s'incliner devant l'autorité de la chose jugée ; pourquoi ne serait-il pas obligé de subir également la prescription accomplie pendant la vacance, lorsqu'elle lui serait opposée postérieurement à son acceptation ? nous n'en voyons pas la raison, car, entre ces deux hypothèses, il n'y a qu'une bien légère différence de forme qui ne nous paraît pas justifier une aussi grande différence dans le fonds du droit (1).

V

Le Code exige l'autorisation du conseil de famille, pour l'acquiescement aux actions immobilières; l'acquies-

(1) M. Valette, *Explicat. somm. du liv. 1 du Code Nap.*, p, 256 et suiv.

cement est la reconnaissance pure et simple par le défendeur de la justice des prétentions du demandeur ; la loi se montre moins sévère au sujet de cet acte, qu'au sujet de la transaction, parce que, par sa nature, il offre moins de dangers et exige moins de connaissances spéciales, et que, du reste, il y avait un grand intérêt à faciliter l'accomplissement d'un acte qui a pour but d'éviter les procès.

VI

La loi du 24 mai 1806 et le décret du 25 septembre 1813 exigent l'autorisation du conseil de famille, pour le transfert des inscriptions de rente sur l'État, supérieures à 50 francs, appartenant à des mineurs, ainsi que pour la vente de plusieurs actions de la Banque de France, ou coupons d'actions, dont l'ensemble excède la valeur d'une action entière. Nous avons suffisamment parlé de ce sujet dans le chapitre précédent, pour pouvoir nous dispenser de donner plus de détails sur les deux actes législatifs que nous venons de mentionner.

VII

Dans les cas ou la loi prescrit au mineur émancipé l'emploi des formalités imposées au mineur non émancipé, ne peut-on pas admettre que l'assistance du curateur est inutile ?

On a soutenu l'affirmative (1) en se fondant sur ce que l'art 484 était primitivement rédigé de la manière suivante : « tous autres actes qui ne seront pas de pure administration, ne pourront être faits que sous l'assistance du curateur et suivant les formes prescrites à l'égard du mineur non émancipé. » Ces mots *sous l'assistance du curateur* ayant disparu dans la rédaction définitive, on a pensé que l'assistance du curateur n'était pas nécessaire.

M. Demolombe (2) soutient au contraire que la loi exige l'assistance du curateur même au cas ou elle prescrit l'autorisation du conseil de famille et l'homologation du tribunal ; car, l'assistance du curateur étant prescrite pour des affaires d'une moindre importance, doit, *à fortiori*, être requise dans les cas prévus par l'art. 484. Nous adoptons cette dernière opinion, car nous pensons que si l'assistance du curateur n'était pas exigée dans les cas ou l'autorisation du conseil de famille est nécessaire, l'art. 883 P. C. qui énumère les personnes qui peuvent se pourvoir contre les délibérations du conseil de famille, n'aurait pas mentionné le curateur.

VIII

Nous allons terminer cette section en parlant briève-

(1) Aubry et Rau, t. 1, p. 557, texte et note 9.
(2) Demolombe, t. VIII, n° 325 ; voy. ég. Demante, *Cours analyt.*, t. II, n° 253 *bis*, VI.

ment des actes qui sont tout à fait interdits aux mineurs, ces actes sont au nombre de deux, le compromis et les dispositions à titre gratuit.

Le compromis est un contrat par lequel les parties conviennent de soumettre leur différend à des arbitres. L'interdiction de ce contrat au mineur émancipé, résulte implicitement des articles 83 et 1004 du Code proc. civ ; en effet, l'art. 1004 décide que l'on ne peut compromettre sur les causes qui sont sujettes à communication au ministère public, et l'art. 83, 6° nous dit, que les causes concernant les mineurs seront communiquées au ministère public. Nous avons déjà dit ci-dessus, page 158, que nous pensions que le mineur émancipé pouvait compromettre au sujet des actes pour lesquels l'art. 481 l'assimilait à un majeur.

Parmi les dispositions à titre gratuit, les libéralités entre vifs sont absolument interdites aux mineurs, par l'art. 903, sauf ce qui est réglé au chapitre ix du présent titre ; c'est-à-dire sauf ce qui concerne les libéralités faites par contrat de mariage, sur lesquelles nous aurons bientôt à revenir.

Les libéralités testamentaires ne lui sont pas aussi complétement interdites ; en effet, le mineur âgé de 16 ans peut disposer par testament de la moitié des biens qu'il pourrait donner s'il était majeur (904).

CHAPITRE III

Du mineur émancipé autorisé à faire le commerce

I

L'art. 487 pose le principe que le mineur émancipé qui exerce un commerce, est réputé majeur pour les faits relatifs à ce commerce, mais il ne nous apprend pas quelles conditions le mineur doit remplir pour pouvoir faire le commerce ; ces conditions furent déterminées postérieurement par le Code de commerce qui les énumère dans son article 2.

La première condition, qui du reste avait déjà été posée par l'art. 487 du C. civ. est que le mineur soit émancipé, car pour faire le commerce il faut pouvoir agir soi-même, et le mineur non émancipé n'a pas cette capacité.

Mais l'émancipation ne suffit pas ; comme elle peut être octroyée à partir de l'âge de 15 ans par les père et mère, la loi à trouvé qu'à cet âge le mineur serait fort peu capable de conduire une maison de commerce, en conséquence, elle exige que pour être commerçant le mineur ait atteint l'âge de dix huit ans accomplis. Il faut de plus qu'il ait une autorisation spéciale émanant soit de ses père et mère, soit du conseil de famille; dans ce dernier cas, l'homologation du tribunal sera nécessaire.

La loi ne parle pas de la manière dont l'autorisation doit être donnée, on admet généralement que si elle émane des père et mère, elle peut être donnée par-devant notaire, ou devant le juge de paix, assisté de son greffier; nous pensons, quoique la chose ait été contestée, que l'autorisation peut être donnée par acte sous seing privé à condition toutefois que la signature soit légalisée (1).

La jurisprudence a décidé que l'autorisation de faire le commerce devait être expresse, mais qu'il n'était pas nécessaire qu'elle désignât la branche de commerce que le mineur aurait la faculté d'exercer; cependant si l'autorisation mentionnait le commerce qu'il est permis au mineur d'entreprendre, il ne pourrait pas en exercer d'autre.

La loi exige que l'autorisation dont nous venons de parler, soit rendue publique au moyen de certaines formalités, qui consistent à enregistrer l'autorisation au greffe du tribunal de commerce du domicile du mineur, et à l'afficher dans l'auditoire de ce même tribunal; s'il n'y a pas de tribunal de commerce ces formalités seront accomplies au tribunal civil.

Ce n'est qu'après l'accomplissement de ces formalités que la capacité du mineur commence, et qu'il devient,

(1) Bravard-Veyrières, tome I, p. 73 et suiv.

aux termes de l'art. 487 du C. c., majeur pour tous les actes relatifs à son commerce ; au contraire, tant que les formalités que nous avons énumérées ne seront pas accomplies, tous les actes qu'il ferait seraient frappés, aux termes de l'art. 1125 d'une nullité relative ; aucun de ses actes ne pourrait être poursuivi commercialement, et la jurisprudence a décidé qu'il ne pouvait pas être déclaré en faillite, ni même poursuivi, soit pour banqueroute simple, soit pour banqueroute frauduleuse ; le tribunal de commerce ne serait pas compétent pour connaître des demandes en paiement dirigées contre lui, et les emprunts qu'il aurait contractés à 6 0/0 pour les besoins de son commerce, deviendraient de simples emprunts civils, produisant intérêt à 5 0/0.

II

Le mineur, autorisé à faire le commerce, étant majeur pour tous les actes relatifs à son commerce, peut vendre tous ses meubles corporels ou incorporels ; il pourrait contracter des emprunts, et l'art. 6 du C. c. lui donne même le droit d'hypothéquer ses immeubles et de les engager. Par ce mot engager, le législateur, a probablement voulu dire, que le mineur pouvait les donner à ses créanciers en antichrèse, c'est-à-dire les donner à ses créanciers pour sûreté d'une dette quelconque, ces derniers ayant le droit et l'obligation de percevoir les revenus des immeubles et de les imputer d'abord sur les intérêts de la créance et ensuite sur le capital (1).

D'autres auteurs donnent au mot engager un autre sens, et soutiennent que le législateur a voulu par là faire entendre que les créanciers pourraient poursuivre l'exécution des obligations du mineur contre ses immeubles ; il est peu probable que ce soit là le sens de la loi, car les créanciers du mineur, même non commerçant et même non émancipé, ont le droit de poursuivre le recouvrement de leurs créances sur les immeubles du mineur, sous la seule condition de procéder préalablement à la discussion de ses meubles, conformément à l'art. 2206 du Code civ.

L'art. 6 du Code de commerce donne même au mineur commerçant le droit de vendre ses immeubles, mais il doit dans ce cas se conformer aux dispositions des articles 457 et suiv. du Code civ., c'est-à-dire qu'il ne pourra vendre ses immeubles que quand il y aura nécessité absolue ou avantage évident ; il faudra de plus qu'il y soit autorisé par une délibération du conseil de famille homologuée par le tribunal. Les immeubles ne pourront, du reste, être vendus qu'en se conformant aux formalités prescrites pour la vente des biens de mineurs.

____

(1) Bravard, *Manuel de droit commercial*, p. 18.

III

Ici se place une question très-importante ; comme le mineur commerçant est réputé majeur pour tous les actes relatifs à son commerce, les aliénations qu'il aura consenties ou les emprunts qu'il aura contractés pour son négoce, seront valables ; ils seront nuls, au contraire, s'ils ont été faits pour une cause étrangère ; la question que nous avons à résoudre est la suivante : Un acte émanant d'un mineur émancipé, autorisé à faire le commerce, doit-il être présumé jusqu'à preuve contraire, accompli pour les besoins du commerce ?

Il ne s'agit pas, bien entendu, des actes commerciaux de leur nature comme la lettre de change, mais des billets ou obligations sous seing privé ou notariés, des aliénations ou des constitutions d'hypothèque.

Suivant une première opinion, un acte fait par un mineur commerçant, n'est pas présumé fait pour les besoins de son commerce ; les tiers qui ont traité avec lui devront faire la preuve que l'acte en question n'était pas étranger au négoce.

En effet, dans la matière qui nous occupe, l'incapacité est la règle, la capacité au contraire est l'exception ; c'est donc aux tiers qui ont traité avec le mineur et qui doivent profiter de la validité du contrat, c'est-à-dire de l'exception, à en faire la preuve.

On a objecté que l'art. 638 du C. c. qui contient une

disposition ainsi conçue : *Néanmoins les billets sous-crits par un commerçant seront censés faits pour son commerce*, doit être appliqué aussi bien au commerçant majeur qu'au commerçant mineur; mais cet article n'est pas applicable à ce dernier, et lui fût-il applicable, il n'établirait de présomption que pour les billets et ne concernerait pas les autres actes.

En effet, l'article 638 établit une présomption légale en décidant que les billets souscrits par un commerçant sont censés faits pour les besoins de son commerce, or, une présomption légale étant une présomption attachée par la loi à certains faits ou à certains actes ne peut pas par conséquent être étendue d'un fait à un autre ou d'un acte à un autre, la loi seule peut agir ainsi; donc l'art. 638 instituant une présomption légale relativement aux billets souscrits par une personne capable, ne peut pas être étendue au mineur émancipé qui n'est capable que par exception, ou en d'autres termes, l'art. 638 con-tenant une présomption destinée à trancher la question de savoir si un acte est commercial ou non, ne peut pas être étendu à la question que nous avons à résoudre et où il s'agit de savoir si un acte est valable ou nul (1).

D'autres auteurs comprenant bien ce que cette doctrine absolue avait de fâcheux, ont cru devoir faire une dis-tinction entre les billets d'une part, et les aliénations, et

(1) Rivière. *Rép. écrites sur le Code de commerce*, p. 34.

obligations résultant d'actes notariés d'autre part. Suivant eux, la présomption de l'art. 638 est applicable aux billets souscrits par le mineur, mais elle ne concerne point les obligations notariées ni les aliénations ; car notre article ne parlant pas de ces sortes d'actes établit même pour le commerçant majeur, la présomption contraire ; du reste, en ce qui concerne spécialement les obligations consenties par acte notarié, comme il n'est pas d'usage de faire intervenir les notaires dans les actes commerciaux, le fait seul que l'acte a été passé par-devant notaire, est presque une preuve que l'opération en question ne concerne pas le commerce (1).

Enfin, d'autres auteurs ont fait une sous-distinction ; ils décident (2) d'une part, qu'en cas d'aliénation, la présomption sera en faveur de l'acquéreur ; et d'autre part, que les obligations consenties par acte notarié ne seraient pas régies par la même présomption, et qu'elles ne seraient considérées comme faites dans l'intérêt du négoce que si elles en contenaient la mention.

Nous pensons au contraire que la présomption de l'art. 638 est applicable aux billets souscrits par le mineur émancipé commerçant, et que les aliénations faites par le mineur et les obligations consenties par-devant notaire, seront censées faites pour les besoins du

(1) Marcadé, art. 220, n° 3.
(2) Duranton, *Traité des contrats*, t. I, n° 238, et *Cours de Droit français*, t. II. n° 483,

commerce, en ce sens du moins, dit M. Demolombe :
« Qu'il suffira aux tiers de prouver que rien ne les a
avertis que l'obligation ou la vente fût étrangère au
négoce. »

D'abord, en ce qui concerne les billets, l'art. 638 ne
distingue pas, il déclare que les billets souscrits par un
commerçant seront censés faits pour les besoins de son
commerce; rien ne nous autorise à conclure que cette
disposition ne s'applique pas aussi bien au commerçant
mineur qu'au commerçant majeur; cette doctrine est
du reste fort raisonnable, car, pour un commerçant
majeur ou mineur, le négoce est toujours sa principale
occupation, et il est fort logique d'admettre jusqu'à
preuve du contraire, que ses actes quels qu'ils soient, sont
relatifs au commerce.

On fait valoir dans la doctrine que nous combattons
qu'il n'est pas possible de transporter la présomption
établie par l'art. 638 pour le commerçant majeur au
commerçant mineur, parce que les présomptions ne
s'étendent pas d'un cas à un autre et que cette présomption qui est destinée à décider la question de savoir
si un acte est commercial ou non, ne peut pas servir à
trancher une question de validité; nous pouvons facilement répondre à cette objection : la présomption de
l'art. 638 peut s'appliquer aussi bien au mineur qu'au
majeur et dans les deux cas elles sert à trancher une
seule et même question, celle de savoir si un acte est

commercial ou non ; seulement dans les deux cas la conséquence de ce que l'acte est commercial n'est pas la même.

En effet, dans le cas où il s'agit d'un commerçant majeur, l'effet de ce que l'acte est déclaré commercial est simplement que le Tribunal de Commerce sera compétent pour en connaître, tandis que dans le cas d'un commerçant mineur, la conséquence est que l'obligation est valable (1).

Quant aux aliénations et aux obligations consenties par devant notaire, il n'y a pas de texte formel, seulement l'art. 6 du C. c. nous dit : « Les mineurs marchands, autorisés comme il est dit ci-dessus, peuvent engager et hypothéquer leurs immeubles, ils peuvent même les aliéner... »

Nous pouvons en conclure, comme le fait Delvincourt, pour l'art. 7 du même Code, en traitant la question qui nous occupe pour la femme mariée marchande publique (2), que la seule qualité de commerçant suffit pour valider l'acte.

Nous avons dit plus haut que certains auteurs qui soutiennent une opinion intermédiaire admettent cette présomption dans le cas d'aliénation. Nous ne voyons pas pourquoi on ne l'admettrait pas également pour les autres

---

(1) Valette sur Proudhon, t. I, p. 460, note *a*.
(2) Delvincourt, t. I, p. 76, note 6.

actes, car la faculté donnée aux mineurs commerçants de faire toute sorte d'actes comme un moyen deviendrait tout-à-fait illusoire s'il fallait que les tiers qui traitent avec eux fussent obligés de prouver que l'acte était fait pour les besoins du commerce.

Quand à l'objection qui consiste à dire que le fait seul qu'un acte a été fait par-devant notaire prouve qu'il n'a pas été fait pour les besoins du commerce, parce qu'il n'est pas d'usage de recourir aux notaires pour les actes commerciaux, nous répondrons qu'il y a là un équivoque; il ne faut pas confondre, en effet, les actes commerciaux pour lesquels il n'est pas d'usage de recourir aux notaires, et les actes qui ont pour but l'intérêt du commerce et qui peuvent être aussi bien faits par l'intermédiaire d'un notaire qu'autrement; ce n'est pas seulement les premiers de ces actes que la loi valide, elle valide aussi les seconds; on a donc tort de considérer l'intervention du notaire comme une preuve que l'acte n'est pas fait dans l'intérêt du négoce.

En dernier lieu nous savons que certains auteurs admettent que les actes notariés sont faits pour les besoins du commerce quand ils en contiennent la mention; nous pensons avec M. Demolombe, que par cela même qu'on se contente de cette déclaration, c'est qu'elle n'est pas nécessaire; car les tiers qui traiteraient avec un mineur ne manqueraient pas de faire insérer cette déclaration dans l'acte, elle deviendrait très-vite une clause de style. Si donc on admet, comme nous le proposons, que les actes dont nous venons de parler sont réputés faits dans l'intérêt du commerce, lorsque les tiers pourront prouver que rien ne les a avertis que l'opération dans laquelle ils ont été partie y était étrangère, on aura des éléments de preuve bien plus puissants que la déclaration exigée par nos adversaires; ce seront : la bonne foi du tiers, la nature de ses relations avec le mineur, et la plus ou moins grande importance du contrat ; c'est ainsi, du reste, que décidaient les anciens jurisconsultes pour la femme mariée marchande publique (1).

IV.

Le mineur étant réputé majeur pour tous les actes relatifs à son commerce, peut intenter seul toutes actions et y défendre ; de plus, il pourra être déclaré en faillite, et même être poursuivi pour banqueroute frauduleuse ou pour banqueroute simple.

V

Le mineur qui est autorisé à faire le commerce, peut-il sans une autorisation spéciale, contracter une société avec un tiers?

Dans une première opinion, on admet que le mineur

---

(1) Lebrun, *Communauté*, liv. II, chap. I, sect. I, n° 10, Voir également à ce sujet, Valette, *Explic. somm. du liv. I, du C. Nap.*, p. 331, et Demolombe, t. VIII, n° 342.

peut, sans nouvelle autorisation, faire un contrat de société. On se fonde sur ce que la loi déclare que le mineur, autorisé à faire le commerce, est réputé majeur, relativement aux actes de commerce, et que l'acte de société est un acte essentiellement commercial; du reste, les travaux préparatoires démontrent (1) que l'art. 2 a été fait spécialement pour permettre aux mineurs de contracter une association avec leur patron; nous n'avons donc pas de raison pour défendre au mineur en l'absence de textes, un acte que le législateur paraît avoir vu avec faveur (2). On a fait valoir aussi en faveur de ce système, l'argument suivant : personne ne doute que le mineur puisse acheter et revendre une partie de marchandises de compte à demi avec un tiers, puisqu'il peut le faire une fois, rien ne l'empêche de recommencer la même opération, et par suite de s'associer pour un ensemble d'opérations.

Nous préférons néanmoins la seconde opinion, qui exige que le mineur soit muni d'une autorisation spéciale, pour pouvoir former un contrat de société. En effet, la capacité spéciale accordée au mineur émancipé commerçant, est une exception, et nous ne devons point l'étendre en l'absence d'un texte; l'autorisation qui met le mineur à même d'affronter les risques d'un commerce, ne doit pas

(1) Locré, *Législat. civ.*, t. XVIII, p. 126.
(2) Molinier, *Droit commercial*, t. I, n° 155. G. Massé, *Le Droit commercial dans ses rapports avec le droit des gens et le droit civil*, t. III, n° 95-175.

lui permettre de courir ceux d'une association ; le fait que
le législateur a eu en vue en faisant l'art. 2, de permettre
au mineur de former une association avec son patron, ne
prouve pas que le mineur peut faire un contrat de société
sans autorisation spéciale, mais seulement que ses père
et mère peuvent l'autoriser à faire un contrat de société.
Il est vrai également, que le mineur peut, une ou plusieurs
fois, acheter et revendre une partie de marchandises de
compte à demi avec un tiers, mais il y a loin de là à la
formation d'un véritable contrat de société (1).

VI.

Nous savons que le bénéfice de l'émancipation peut
être retiré au mineur, aux termes de l'art. 485 C. c.
s'il en a abusé en contractant des engagements exagérés ;
si le mineur vient à être privé de l'émancipation, il va
de soi qu'il ne peut plus faire de commerce, car il lui
manque une condition essentielle ; mais il n'est pas aussi
facile de résoudre la question de savoir si l'autorisation
de faire le commerce peut être révoquée isolément.

On admet dans un premier système que cette autorisation peut être retirée au mineur comme elle lui a été
donnée, du reste ce retrait de l'autorisation peut être
très-avantageux pour le mineur, en lui évitant d'être

---

(1) Demolombe, t. VIII, nº 343. Bravard, *Sociétés commer-
ciales*, t. I, p. 4 et suiv. Pardessus, t. I, nº 66.

déclaré en faillite par exemple; l'autorisation de faire le commerce est un bénéfice accordé au mineur, ce serait le rétorquer contre lui que d'empêcher de révoquer l'autorisation au moment où le mineur a intérêt à ne plus faire le commerce.

Nous préférons admettre avec Molinier et Pardessus (1) que l'autorisation de faire le commerce ne peut pas être retirée isolément.

Cette autorisation a été donnée avec toutes les précautions possibles, elle a été publiée et à partir de ce moment le mineur a été réputé majeur, il ne faut pas que le retrait de l'autorisation puisse causer un préjudice au tiers. Mais on aura cependant un autre moyen dans notre doctrine d'enlever au mineur émancipé l'autorisation en question. Nous savons que le mineur émancipé qui prend des engagements exagérés peut être privé de l'émancipation après que ses engagements ont été réduits; si donc le mineur commerçant prend en dehors de son commerce des engagements excessifs, on pourra lui retirer l'émancipation, mais quant aux engagements commerciaux, il ne sera pas possible de les réduire, puisqu'à leur égard le mineur est réputé majeur, et cependant il peut y avoir, comme on le fait ressortir dans l'opinion adverse, un grand intérêt à empêcher le mineur de courir à sa ruine. Dans ce cas, on peut permettre sans incon-

(1) Molinier, t. I, n° 157. Pardessus, t. I, n° 58.

viennent aux personnes qui ont donné l'autorisation de se pourvoir devant le tribunal pour demander l'autorisation de révoquer l'émancipation si les actes du mineur attestent une mauvaise gestion ; cette autorisation, une fois obtenue, l'émancipation sera révoquée suivant les formes ordinaires.

CHAPITRE IV

Sanction des dispositions de la loi qui règlent la capacité du mineur émancipé

I.

Nous venons de développer dans les chapitres qui précèdent les règles de la capacité du mineur émancipé, il nous reste à étudier quel sera le sort des actes qu'il aura faits, sans se conformer aux dispositions de la loi. Tel va être l'objet de ce chapitre.

Les art. 1125, 1305 posent le principe ; l'art. 1125 nous apprend que les actes faits par les incapables en général et les mineurs en particulier, sont entachés d'une nullité purement relative, dont ne peuvent se prévaloir les personnes qui ont traité avec eux, et l'art. 1305, nous dit que la simple lésion donne lieu à l'action en rescision en faveur du mineur émancipé contre tous les actes qui excèdent les bornes de la capacité ; enfin l'art. 1311 nous apprend que les actes faits par les mineurs peuvent être nuls en la forme ou simplement sujets à rescision.

Quel est au juste le système que le législateur a voulu créer? les actes du mineur sont-ils exposés à trois actions, l'action en nullité pour cause d'incapacité, en rescision pour lésion, en nullité pour défaut de formes ? ou plusieurs de ces voies de recours peuvent-elles être ramenées à une seule? telle est la question que nous allons avoir à résoudre, puis, cette question élucidée, nous aurons à examiner à quelle catégorie d'actes chacune de ces voies de recours est applicable.

II

Plusieurs systèmes sont formés sur ce point; nous allons les exposer successivement et nous développerons seulement celui que nous avons l'intention d'adopter, en réfutant, au fur et à mesure que l'occasion se présentera, les arguments qui ont été donnés en faveur des autres systèmes.

1er *Système.* — Les actes du mineur émancipé sont soumis à trois sortes de recours : 1° l'action en nullité pour cause d'incapacité, que le mineur peut intenter, sans avoir à justifier d'aucune lésion; 2° l'action en rescision pour cause de lésion : dans ce cas, le mineur est obligé de faire la preuve de la lésion, et 3° l'action en nullité pour défaut de forme.

La première de ces actions est destinée à attaquer les actes que le mineur émancipé a faits seul, en dehors des limites de sa capacité. La seconde est dirigée contre les actes qui ont été régulièrement faits par le mineur émancipé assisté de son curateur. Enfin, il y a lieu d'intenter la troisième, contre les actes dont l'accomplissement était subordonné, par la loi, à certaines formalités, lorsque ces formalités n'ont pas été observées.

Dans ce système, les seuls actes, parfaitement valables, sont ceux pour lesquels la loi a pris soin de dire qu'ils seraient aussi valables que s'ils étaient faits par des majeurs (1).

2° *Système*. — Dans le deuxième système, on ne reconnaît que deux voies de recours : 1° l'action en rescision pour cause de lésion contre les actes que le mineur émancipé a faits seul, en dehors des limites de sa capacité; 2° l'action en nullité pour défaut de forme contre les actes pour lesquels la loi exige certaines formalités, et qui ont été accomplis au mépris des prescriptions de la loi; dans ce système, on considère comme valables,

(1) Toullier, t. VI, n° 166, et VII, n° 573.

non-seulement les actes que la loi a déclarés inattaquables, mais tous ceux qui ont été régulièrement
faits.

3° *Système* (1). — Ce système qui est, de tous les
systèmes proposés le plus défavorable au mineur, n'admet qu'une seule voie de recours : l'action en rescision,
pour cause de lésion, aussi bien contre les actes qui
excèdent simplement la capacité du mineur que contre
ceux qui ont été faits sans l'emploi des formalités prescrites par la loi. Dans ce système, comme dans le premier, on ne considère comme parfaitement valables que
les actes que la loi a pris soin de déclarer inattaquables.
Ce système, que M. Marcadé traite avec une très grande
sévérité, est tout à fait inacceptable, car on ne peut pas
admettre que la vente d'un immeuble, faite par le mineur
émancipé seul, soit traitée absolument de la même manière que le bail consenti pour une période supérieure à
neuf ans ; si telle avait été la pensée du législateur, il
eût été parfaitement inutile d'exiger que certains actes
ne pourraient être faits qu'avec l'autorisation du conseil
de famille et l'homologation du tribunal, puisque l'omission de ces formalités était tout à fait sans conséquence.

4° *système* (2). — Ce dernier système est celui que

____

(1) Merlin, *Quest. v° hypoth.*, § 4.
(2) Voy. Demante continué par Colmet de Santerre, t. V,
p. 507 et suiv.

M. Demante a adopté, après avoir abandonné le premier que nous avons mentionné ; M. Demante admet, comme le 2° système: que les actes des mineurs sont attaquables par deux moyens l'action en rescision pour lésion, et l'action en nullité pour défaut de formes; sont nuls, en la forme, tous les actes qui n'ont pas été passés dans la forme légale, et par conséquent tous ceux pour lesquels la loi exige l'assistance du curateur et qui ont été accomplis sans l'intervention de cette assistance ; sont au contraire rescindables, pour cause de lésion, tous les actes qui ont été passés dans la forme légale, à l'exception de ceux que la loi a déclarés inattaquables.

Nous trouvons également, dans ce système, des inconséquences qui nous le font rejeter dès à présent ; en effet les auteurs qui soutiennent cette doctrine placent sur la même ligne les actes que pour lesquels la loi ne prescrivait que l'assistance du curateur, et ceux pour lesquels elle exige l'autorisation du conseil de famille ; il n'est pas probable que ce soit là le véritable sens de la loi.

Nous joignons à cette énumération un tableau synoptique des quatres systèmes qui ont été défendus.

	1er SYSTÈME	2e SYSTÈME	3e SYSTÈME	4e SYSTÈME
Nuls pour cause d'incapacité.	Actes faits par le mineur émancipé en dehors des limites de sa capacité.	Actes faits par le mineur émancipé seul en dehors des limites de sa capacité ; dans ce système l'action en nullité pour cause d'incapacité et l'action en rescision, pour cause de lésion, se confondent.	Tous les actes pour lesquels la loi exigeait l'assistance du curateur et qui ont été faits par le mineur émancipé seul et tous ceux pour lesquels la loi exigeait des formalités, lorsqu'ils ont été faits sans l'accomplissement de ces formalités.	Actes faits régulièrement par le mineur émancipé assisté de son curateur ; l'action en nullité et l'action en rescision se confondent.
Rescindables pour cause de lésion.	Actes régulièrement faits par le mineur émancipé, avec l'assistance de son curateur.			
Nuls pour défaut de formes.	Actes pour lesquels la loi exige certaines formalités, quand les formalités n'ont pas été remplies.	Les mêmes actes que dans le système précédent.		Actes pour lesquels la loi prescrivait certaines formalités, lorsqu'ils ont été faits sans l'accomplissement de ces formalités. L'assistance du curateur est considérée comme une forme.
Valables.	Actes que la loi a pris soin de déclarer inattaquables.	Actes régulièrement faits par le mineur émancipé assisté de son curateur.	Actes que la loi a pris soin de déclarer inattaquables.	Comme dans le système précédent.

II

De ces quatres systèmes, il n'y en a que deux qui soient sérieusement défendus : les deux premiers ; nous adoptons le second, et en conséquence nous nous proposons de démontrer les points suivants :

1° Les actes que le mineur émancipé peut attaquer sont de deux sortes : les actes nuls pour défaut de forme, et les actes rescindables pour cause de lésion.

2° Les actes nuls en forme sont ceux pour lesquels la

loi exige certaines formalités, et qui ont été faits par le mineur émancipé, soit seul, soit assisté de son curateur, sans l'accomplissement de ces formalités.

3° Les actes sujets à rescision pour cause de lésion, sont ceux pour l'accomplissement desquels la loi n'exigeait aucune difficulté, mais qui ont été faits par le mineur en dehors des limites de sa capacité ;

4° Les actes faits par le mineur émancipé, dans les formes légales, sont aussi valables que s'ils avaient été faits par des majeurs.

Première proposition. — Presque tous les auteurs admettent que les actes des mineurs peuvent être sujets à l'action en nullité pour défaut de forme, ou à l'action en rescision pour lésion; mais un certain nombre croient qu'il faut ajouter, à ces deux voies de recours, l'action en nullité pour cause d'incapacité, qui est mentionnée dans l'article 1125; à première vue, cette opinion paraît fondée, car, la loi parle, en différents endroits, de l'action en nullité et de l'action en rescision; nous allons essayer de démontrer que ces deux expressions sont synonymes, et que l'action en nullité pour cause d'incapacité dont parle l'article 1125, se confond avec l'action en rescision pour lésion mentionnée par les articles 1305 et suivants. Pour faire cette démonstration, il ne sera pas inutile de rappeler quelles étaient, dans notre ancien droit, les différences entre les actions en nullité et les actions en rescision.

Dans notre ancien droit, l'action en nullité était celle, au moyen de laquelle on poursuivait la destruction d'un acte, que les coutumes, ou les ordonnance royales, con-idéraient comme infecté d'un vice ; l'action s'intentait simplement devant les tribunaux ordinaires. L'action en rescision, au contraire, était un vestige de l'*in integrum restitutio*, du droit romain ; elle était intentée contre les actes qui, bien que valables, suivant les ordonnances ou les coutumes, étaient contraires, soit à l'équité, soit aux dispositions du droit romain qui était en vigueur dans notre pays. Seulement, les juges ne pouvaient pas être saisis directement de l'action en rescision, car ils n'étaient investis du pouvoir de juger que suivant la loi et non pas suivant l'équité ni le droit romain ; il fallait s'adresser au roi pour obtenir des lettres dites de resci-sion qui investissaient le juge du pouvoir de juger sui-vant l'équité. Dans la pratique, ces lettres étaient déli-vrées, sans examen, par les chancelleries.

Si les lettres de rescision n'avaient été accordées que *causa cognita*, il y eût eu une grande différence entre l'action en rescision et l'action en nullité ; mais on fit de ces lettres une source de revenus ; on les octroyait à qui les demandait, et c'était au juge à examiner s'il y avait véritablement lieu à rescision, de sorte qu'on peut dire, qu'entre l'action en nullité et l'action en rescision, il n'y avait qu'une différence dans la manière d'introduire l'instance. Les chancelleries furent supprimées par la loi des 7 et 11 septembre 1790, qui a décidé en même temps que l'action en rescision serait, désormais intentée directement devant le juge compétent ; il n'y avait donc plus, à dater de cette époque, aucune différence entre les actions en nullité et en rescision.

Il n'est pas probable que cette différence ait été rétablie par les rédacteurs du Code, car nous n'avions plus cette différence de législation qui avait nécessité, à l'origine, deux actions distinctes ; il était dès lors inutile de créer deux actions différentes de nom, mais identiques au fond. Cependant, certains auteurs ont soutenu que c'était avec intention que la loi se servait alternativement de ces deux termes : action en nullité et action en rescision, et que chacun de ces termes n'était jamais appliqué indifféremment, et que, notamment en ce qui concerne la lésion, la loi ne se servait jamais que des mots : action en rescision. De plus, l'article 1125, qui donne au mineur le droit d'attaquer certains de ses actes, se met sur la même ligne que l'interdit et la femme mariée, qui n'ont besoin que d'alléguer leur qualité pour obtenir la nullité de leur acte, tandis que l'article 1305 nous parle de la nécessité de prouver la lésion. Il y a donc là deux actions bien distinctes.

Nous ne croyons pas que cette doctrine soit exacte, il

est bien vrai que la loi se sert exclusivement des mots action en rescision quand il s'agit de lésion, mais nous ne croyons pas que cette remarque tire à conséquence, et nous pourrions faire remarquer en sens inverse que la section VII du titre III, à pour titre *de l'action en nullité et en rescision des conventions*, et non pas *des actions*, *etc.*

Quant à l'art. 1125 nous ne lui croyons pas une importance bien grande dans la question qui nous occupe, en effet, il suit immédiatement l'art. 1124 qui énumère les personnes incapables de contracter; il a pour but d'établir l'effet de cette incapacité, en renvoyant pour chaque catégorie d'incapables, aux textes spéciaux à chacune d'elles; ce renvoi nous semble résulter des termes même de l'article qui s'exprime ainsi : « Le mineur, l'interdit et la femme mariée ne peuvent attaquer, pour cause d'incapacité, leurs engagements, *que dans le cas prévus par la loi*. Les derniers mots de ce paragraphe nous paraissent, disons-nous, un renvoi aux articles 1305 et suivants qui déterminent les effets de l'incapacité du mineur.

Donc, quand la loi nous dit que le mineur est incapable de contracter, cela veut dire qu'il est incapable de faire un contrat qui soit inattaquable pour cause de lésion. Les travaux préparatoires nous montrent que cette doctrine est conforme à l'intention du législateur; en effet, l'art. 1305 fut présenté en ces termes au corps législatif: « Il résulte de l'incapacité du mineur non émancipé, qu'il suffit qu'il éprouve une lésion pour que son action en rescision soit fondée. » Puis plus loin : « Le résultat de son incapacité est de ne pouvoir être lésé, mais non pas de ne pouvoir contracter. » De même, il a été formellement déclaré devant le tribunat : que pour ce qui est des femmes et des interdits, ils n'auront qu'à invoquer leur incapacité, mais qu'il en est autrement pour les mineurs; s'il s'agit d'un mineur non émancipé, la simple lésion donne lieu à rescision, il ne sera pas restitué comme mineur, mais comme lésé, s'il s'agit d'un mineur émancipé, et si la convention excède les limites de sa capacité, il peut se prévaloir de la simple lésion (1).

Nous pouvons ajouter un argument de texte, tiré de l'art. 1311, qui aurait certainement distingué l'action en nullité pour cause d'incapacité des deux autres actions qu'il cite dans son texte, si le législateur avait eu l'intention de maintenir une différence entre elle et l'action en rescision pour lésion. La cour de cassation a fini du reste par trancher la question en ce sens par un arrêt du 18 juin 1844.

2° Nous allons maintenant démontrer que les actes nuls en la forme, sont ceux pour l'accomplissement desquels la loi prescrit certaines formalités, et qui ont été

(1) Fenet, t. XIII, pages 283, 371, 372.

faits par le mineur émancipé soit seul, soit assisté de son curateur, en l'absence des formalités requises.

L'article 1311 nous prouve clairement que les actes dont nous venons de parler sont nuls en la forme; en effet, cet article désigne certainement par le mot forme, les formes protectrices de la minorité, et non pas les formes prescrites *ad solemnitatem* pour la perfection de certains actes; nous en trouvons la preuve dans le commencement de l'article, qui parle de ratification, car nous savons que s'il s'agissait des formalités prescrites pour les actes solennels il ne pourrait pas être question de ratification. Pour que notre deuxième proposition soit entièrement démontrée, il faut prouver que l'assistance du curateur n'est point une forme, et que l'acte fait par le mineur émancipé sans l'assistance de son curateur, alors que la loi l'exigeait, est non pas nul en la forme, mais rescindable pour cause de lésion; nous aurons donc ainsi, du même coup, démontré notre troisième proposition.

Pour arriver à ce résultat, nous allons démontrer que l'acte fait par le mineur non émancipé seul n'est pas nul en la forme, parce que l'intervention du tuteur n'est pas une forme; d'où nous pourrons conclure *à fortiori* que l'assistance du curateur n'est pas non plus une forme. Les adversaires de notre système invoquent le Droit romain et vont chercher des arguments dans la matière de l'impubère en tutelle, dont les actes accomplis *sine tutoris auctoritate* étaient, à la vérité, radicalement nuls; mais, si les arguments tirés du Droit romain peuvent avoir une valeur, ce n'est qu'à défaut de textes du Code, et, dans notre matière, nous avons précisément l'article 1305 qui tranche la difficulté; en effet, cet article qui parle certainement des actes faits par le mineur seul déclare que ces actes seront sujets à l'action en rescision pour cause de lésion, et c'est facile de le prouver, malgré les assertions des partisans du système adverse, qui prétendent que l'article 1305 ne parle que des actes faits par le tuteur du mineur non émancipé.

Nous pouvons remarquer, d'abord, que l'article 1305 parle des actes faits par le mineur non émancipé et par le mineur émancipé, et qu'il les traite tous deux dans une même phrase; or, les actes du mineur émancipé, qui sont sujets à rescision, sont certainement des actes qu'il a faits lui-même, puisque le mineur émancipé agit toujours en personne; comment donc admettre que la loi ait compris dans la même phrase, et sous les mêmes termes, d'une part les actes faits par le tuteur du mineur non émancipé, et d'autre part les actes faits par le mineur émancipé lui-même.

Les articles qui suivent peuvent aussi nous aider à comprendre la volonté du législateur; en effet, l'article 1307 nous dit : « La simple déclaration de majorité ne fait point obstacle à la restitution. » Cette hypothèse ne peut se concevoir que si le mineur agit lui-même et hors de la présence de son tuteur, car si le tuteur eût agi, ou eût seulement été présent, sa présence même eût démenti la déclaration de majorité faite par par le mineur. Nous trouvons dans l'article 1308 une preuve semblable, car cet article nous dit que le mineur autorisé à faire le commerce n'est point restituable contre les engagements qu'il a pris relativement à son commerce, et ces engagements, évidemment, il les a pris seul. L'article 1309, qui traite des conventions matrimoniales, se réfère également à des actes où le mineur agit lui-même; il en est de même de l'art. 1310, qui décide que les mineurs ne seront pas restitués contre les obligations qui tireront leur source de leurs délits ou de leurs quasidélits.

Il est donc peu probable que, dans une section où presque tous les articles se réfèrent à des cas où le mineur a agi lui-même, un article rédigé exactement dans la même forme soit destiné à régir les actes faits par le représentant du mineur.

Nous tirerons donc la conclusion suivante, c'est que les actes dont parle l'art. 1305 et qui sont rescindables pour cause de lésion, sont les actes pour lesquels la loi ne prescrit pas de formalités particulières, et qui ont été faits par le mineur au lieu d'être faits par son tuteur.

D'ailleurs, quand on dit que le mineur qui agit seul fait un acte nul en la forme, on fait une confusion dans notre droit, le mineur n'a pas le droit d'agir lui-même, c'est son tuteur qui agit pour lui ; si donc, le mineur agit, par hasard, lui-même, le contrat est nul, non pas parce qu'il lui manque une forme, mais parce qu'il a été fait par une personne qui n'avait pas le droit de le faire, il y a donc là une question de capacité et non pas une question de forme, et comme l'incapacité du mineur ne permet d'attaquer l'acte fait par lui, que s'il y a lésion, il y aura lieu, dans le cas qui nous occupe, à intenter l'action en rescision pour cause de lésion. S'il en est ainsi pour le mineur non émancipé, dont l'incapacité est presque absolue, il doit en être de même *à fortiori* pour le mineur émancipé ; la démonstration de cette proposition va se trouver, du reste, complétée par les arguments que nous allons apporter à l'appui de la suivante.

Il nous reste à démontrer que les actes faits par le mineur émancipé, assisté de son curateur, quand la loi ne prescrit pas de formes particulières, sont aussi valables que s'ils avaient été faits par des majeurs.

Quant aux actes qui sont faits par le mineur émancipé, seul, dans les limites de sa capacité, nous ne nous en occupons pas, l'art. 1305 n'admettant l'action en rescision que contre les actes qui excèdent sa capacité ; nous allons seulement prouver que l'art. 1305 ne peut pas non plus s'appliquer aux actes faits par le mineur émancipé, assisté de son curateur :

Nous voyons, en effet, dans l'article 482, que le mineur émancipé ne peut faire certains actes qu'avec l'assistance de son curateur, et nous en avons conclu, *a contrario*, que cette assistance est suffisante pour faire ces actes ; cette opinion est, du reste, généralement admise. On ne peut donc pas dire que de pareils actes excèdent la capacité du mineur émancipé, puisque lorsqu'ils ont été faits avec l'assistance du curateur, ils ont été faits sous les conditions prescrites par la loi ; l'art. 1305 ne peut pas s'y appliquer, puisqu'il ne vise que les actes qui excèdent la capacité du mineur émancipé.

On peut également tirer de l'ancien droit un argument à l'appui de la thèse que nous soutenons. Autrefois, tous les actes, tous les contrats, dans lesquels des mineurs étaient parties, étaient rescindables pour cause de lésion, encore qu'ils eussent été faits par le tuteur ou avec l'assistance du curateur, et avec toutes les formalités exigées ; cet abus détruisait absolument le crédit du mineur, et avait fait dire à certains juriconsultes, que le seul moyen de rendre valables les contrats qui se faisaient avec des mineurs, c'était de leur payer leurs biens un prix supérieur à leur valeur. A l'époque de Pothier (1), on n'admettait plus la rescision pour les actes d'administration, ce qui rendait la gestion des biens de mineurs plus facile, et on ne l'admettait plus que contre les aliénations. Si donc, on se ralliait à la doctrine que nous repoussons, la rescision deviendrait possible pour les

____

(1) Poth. *Proc. civ.*, part. 5, chap. IV, art. 2, § 1.

actes, même, à raison desquels l'ancien droit la refusait, et ne serait pas recevable, au contraire, dans les cas où l'ancien droit l'admettait, puisque l'art. 1314 déclare ces mêmes actes inattaquables lorsqu'ils ont été faits régulièrement (1).

Quant aux actes d'administration que la loi permet au mineur de faire seul, ils sont aussi valables que s'ils avaient été faits par des majeurs ; seulement dans le cas particulier où ces actes sont des obligations contractées par voie d'achat ou autrement, elles sont réductibles en cas d'excès, aux termes de l'art. 484, et à la suite de cette réduction, le mineur pourra être, en vertu de l'art. 485, privé du bénéfice de l'émancipation.

III.

Il nous reste à parler d'un certain nombre d'actes faits par le mineur émancipé, en dehors de sa capacité, qui seront par cela même rescindables pour cause de lésion, et au sujet desquels il s'élève certaines difficultés dont nous n'avons point parlé en traitant des conditions exigées par la loi pour l'accomplissement de ces actes, pour ne pas empiéter sur la matière des actions en rescision.

Prenons la donation, par exemple, nous avons vu

____

(1) Demante, *Cours analyt.*, continué par Colmet de Santerre, t. V, nᵒˢ 268 à 270 *bis*, XIII. Marcadé, t. IV, p. 286 et suiv.

qu'un mineur émancipé pouvait accepter une donation avec l'assistance de son curateur; si le mineur a procédé seul à l'acceptation, quel sera le sort de la donation? sera-t-elle simplement annulable au moyen de l'action en rescision pour cause de lésion, ou sera-t-elle au contraire radicalement nulle pour cause de vice de forme ?

Certains auteurs soutiennent cette dernière opinion, parce que, disent-ils, il manque à la donation une formalité essentielle (l'acceptation, avec l'assistance du curateur), et que la donation, étant un contrat solennel, est radicalement nulle, lorsque toutes les formalités exigées par la loi n'ont pas été remplies (1).

La controverse est fort ancienne; la question se discutait déjà sous l'empire de l'ordonnance de 1731, et Furgole tenait pour la nullité radicale, tandis que Pothier et Bourjon combattaient en faveur de la nullité relative; les éléments de la discussion étant encore aujourd'hui les mêmes, nous ne croyons pas devoir remonter à l'ancien droit.

Nous pensons que l'opinion des auteurs qui soutiennent

(1) La même question se pose sur le point de savoir si une donation faite par un mineur est nulle ou simplement annulable, et elle doit recevoir la même solution; notons également que l'émancipation ne change rien à la solution qui doit être donnée et qu'elle serait également vraie pour la donation ou l'acceptation faite par un mineur non émancipé.

la nullité absolue n'est pas fondée. En effet, l'art. 1125 pose en principe que les mineurs peuvent attaquer les actes qu'ils ont faits, mais que les parties avec qui ils ont traité ne peuvent jamais se prévaloir de cette nullité; pour soutenir qu'il y a une exception à ce principe en matière de donation, il faut produire un texte formel, et nos adversaires se contentent de nous opposer que les art. 933 à 937 énumèrent les personnes qui peuvent accepter une donation, que par suite le mineur, n'étant pas compris dans cette énumération, ne peut pas faire d'acceptation.

Nous pouvons répondre à cet argument que ces articles énumèrent les personnes qui peuvent faire une acceptation valable, et non pas celles qui peuvent faire une acceptation quelconque; il en résulte que l'acceptation faite par le mineur seul est nulle, nous en convenons, mais cela ne tranche point la question de savoir quelle est la nature de cette nullité.

Un argument plus sérieux est celui qui consiste à dire que la donation, étant un contrat solennel, est astreinte à toutes les conditions de formes énumérées dans la section du chap. IV du tit. II du Liv. III du Code civ., section qui a pour titre: *De la Forme des Donations entre vifs;* par conséquent, l'acceptation par le mineur émancipé, assisté de son curateur, étant mentionnée dans l'art. 935 qui fait partie de cette section, constitue une forme, faute de laquelle une donation est radicalement nulle. On a encore dit dans ce sens que par cela seul que la loi prescrivait une formalité pour un contrat solennel, elle entend que cette formalité soit remplie par une personne capable.

Nous croyons que nos adversaires font aussi une confusion ; l'acceptation est bien une formalité, mais la capacité de celui qui fait l'acceptation est une question de capacité et non une question de forme ; du reste, des deux arguments que nous venons de rapporter ci-dessus, le premier serait bon s'il était vrai que le titre, qui contient l'art. 935, ne renferme que des règles concernant la forme des donations; mais, l'art. 938 qui décide que la donation, une fois acceptée, transporte au donataire la propriété de l'objet donné, ne règle pas une question de forme, pas plus que l'art. 943 qui défend les donations de biens à venir, ni que l'art. 944 qui prohibe les donations sous condition protestative de la part du donateur, pas plus, enfin, que l'art. 951 qui établit la faculté de stipuler le droit de retour ; donc, puisqu'il est prouvé que la section, qui a pour titre : *De la Forme des Donations entre vifs*, contient des articles qui règlent l'effet des donations, et d'autres questions accessoires, il n'y a rien d'étonnant que l'art. 935 contienne une règle de capacité et non pas une règle de forme ; cette solution est d'autant plus logique qu'elle est, en tout point, conforme avec la théorie des nullités résultant de l'incapacité des parties contractantes (1).

IV

Nous avons vu que le mineur émancipé pouvait, avec la seule assistance de son curateur, procéder à un partage ; la sanction de cette règle est contenue dans l'article 840 qui nous dit : « Les partages faits, conformément » aux règles ci-dessus prescrites, soit par les tuteurs » avec l'autorisation d'un conseil de famille, soit par les » mineurs émancipés, assistés de leurs curateurs……., » sont définitifs ; ils ne sont que provisionnels si les règles » prescrites n'ont pas été observées. » Le partage fait par le mineur émancipé, sans l'assistance de son curateur, sera donc provisionnel aux termes de l'art. 840 ; quel sera le caractère de ce partage ? C'est ce que nous allons examiner.

Un partage provisionnel est un partage qui peut, à un moment quelconque, être remplacé par un partage définitif sur la demande d'un des copartageants, sans qu'il soit nécessaire de demander préalablement la nullité du partage provisionnel, et en conséquence, les copartageants ne sont pas tenus de remettre à la masse le revenu des biens qui formaient le lot de chacun.

Tels sont les caractères du partage provisionnel, en

(1) Valette sur Proudhon, p. 479, note *a*, Marcadé, t. III, p. 528.

général et en particulier, de celui qui aurait été fait sciemment par le mineur émancipé, seul, en vertu de la permission que lui donne la loi ; mais en serait-il de même, si les copartageants avaient tous entendu faire un partage définitif ?

La solution de cette question est complexe, car il faut décider successivement : 1° si le partage est provisionnel à l'égard de tous les copartageants, ce qui serait contraire au principe de l'art. 1125, ou seulement à l'égard du mineur ; 2° s'il est nécessaire de provoquer la nullité du premier partage avant de procéder au second.

M. Demante (1) a soutenu sur ce point que, pour qu'un partage soit provisionnel aux termes de l'art. 840, il faut que les parties aient entendu faire un partage provisionnel, que si, au contraire, elles ont eu l'intention de faire un partage définitif, l'acte est entaché d'une nullité relative opposable, seulement par le mineur émancipé, et susceptible de s'éteindre par une prescription de 10 ans (1125. 1304), la conséquence de cette doctrine est que les parties contractantes doivent remettre à la masse les fruits des biens qui ont fait partie de leur lot ; le premier partage étant annulé, il ne doit pas en rester trace.

D'autres auteurs partent, au contraire, de ce principe, que le partage est provisionnel aux termes de l'art. 840, lorsque les parties ont entendu faire un partage défi-

(1) Demante, *Cours analyt.*, t. III, n° 170 et suiv.

nitif; en effet, l'art. 840 est la sanction des règles prescrites pour que les partages concernant des mineurs soient définitifs ; pour que la sanction soit applicable à un partage, il faut que les parties aient eu l'intention de le faire définitif.

Ces mêmes auteurs se divisent alors et les uns soutiennent que le partage doit être provisionnel, non seulement à l'égard du mineur mais à l'égard du copartageant majeur, car il est difficile de concevoir un partage provisionnel à l'égard des uns, définitif à l'égard des autres du reste, l'art. 740 ne distingue pas quand il déclare certains partages provisionnels, ils doivent donc être provisionnels à l'égard de tous. (1)

Nous préférons la doctrine opposée, qui admet que le partage ne sera provisionnel qu'à l'égard du mineur émancipé, cela est conforme à l'art. 1125, qui déclare que les personnes qui ont contracté avec des incapables ne peuvent se prévaloir de l'incapacité des personnes avec qui elles ont contracté ; de plus les parties avaient l'intention de faire un partage définitif, ce partage doit rester tel à l'égard des personnes que rien n'empêchait de faire un partage définitif; cela résulte du reste du texte même de l'art. 840, qui nous dit, en effet : *Les partages etc... sont définitifs*, cela veut dire définitifs à l'égard des incapables, car pour les majeurs il était au moins inu-

(1) Voyez notamment dans ce sens, M. de Fréminville, *De la minorité*, t. II, n° 579.

tile de le dire, il est donc très-logique d'admettre que lorsque nous voyons dans la seconde partie du texte, *sont provisionnels*, cela veut dire sont provisionnels à l'égard des incapables.

Nous allons maintenant examiner la question de savoir si les mineurs à l'égard de qui le partage est provisionnel, doivent en demander la nullité avant de procéder au partage définitif; et s'il doivent à cet effet agir dans les 10 ans conformément à l'art. 1304.

Nous ne le pensons pas, et nous admettrons au contraire que la loi a admis en matière de partage une règle différente. Lorsqu'un mineur fait seul un acte quelconque pour lequel la loi exigeait l'assistance du curateur la loi donne l'action en rescision pour cause de lésion, quand au contraire l'acte est un partage la loi se contente de déclarer que le partage est provisionnel, et le mineur aura le droit quand il le voudra de provoquer un partage définif et ce droit de demander un nouveau partage n'est pas susceptible d'être enlevé au mineur par une prescription. Toutefois, si les autres copartageants, qui avaient cru faire un partage définitif ont possédé pendant 30 ans *pro suo* les biens tombés dans leur lot, le mineur qui viendrait à cette époque provoquer un nouveau partage, serait repoussé en vertu de la dernière disposition de l'art. 816 (1)

(1) Demolombe, t. XV, n⁰ˢ 691 et suiv. Belost-Jolimont sur Chabot, art. 840, n° 5.

Certains auteurs ont pensé que la solution que nous venons de donner, était applicable seulement au partage qui aurait été fait par le mineur émancipé assisté de son curateur, sans l'emploi des formalités prescrites par la loi, mais qu'il n'y avait pas lieu de donner la même décision dans le cas où le mineur aurait agi sans l'assistance de son curateur. Les auteurs que nous avons cités en note, ne jugent pas à propos d'admettre cette distinction.

V.

La loi apporte elle-même plusieurs exceptions au principe que les mineurs peuvent attaquer pour cause de lésion, certains actes faits pendant leur minorité. Nous allons rapidement passer en revue ces exceptions. Nous avons déjà vu que la simple déclaration de majorité n'empêchait pas le mineur d'intenter l'action en rescision; sans cette prudente disposition de la loi, les tiers qui traitent avec des mineurs exigeraient toujours cette déclaration, et ces derniers se trouveraient ainsi avoir renoncé aux mesures de protection établies par la loi ; mais il n'en serait pas de même si le mineur avait employé des manœuvres frauduleuses pour persuader à son cocontractant qu'il était majeur; si on eût accordé la rescision dans ce cas, le mineur aurait été obligé de réparer le préjudice causé par son dol, et la réparation aurait consisté précisément dans le rétablissement du contrat qu'il aurait fait annuler. Il était donc bien préférable de refuser purement et simplement au mineur le bénéfice de l'action en rescision.

L'art. 1308, qui confirme la disposition de l'art. 487, nous apprend que le mineur ne pourra pas se faire restituer contre les engagements pris à raison de son commerce ou de son art. En effet, le mineur autorisé à faire le commerce est réputé majeur relativement à ces actes.

L'art. 1307 donne la même décision au sujet des conventions matrimoniales, quand elles ont été faites avec l'assistance des personnes dont le consentement est requis pour la validité du mariage ; cette solution découle naturellement de la doctrine que nous avons admise, et suivant laquelle l'action en rescision pour lésion n'est pas recevable contre les actes qui ont été faits en remplissant les conditions établies par la loi.

Enfin, l'art. 1310 n'admet pas la restitution contre les obligations qui tirent leur source des délits et des quasi-délits des mineurs ; nous avons vu que c'était la doctrine admise en droit romain.

VI.

Le mineur peut perdre le droit d'intenter l'action en rescision ou en nullité de deux manières : 1° par la ratification intervenue à l'époque de sa majorité de l'acte sujet à rescision; 2° par la prescription établie par l'article 1304.

1° La ratification est permise par l'art. 1338, non seulement pour les actes qui sont sujets à rescision, mais pour ceux qui sont nuls en la forme, une fois cette ratification intervenue, le mineur n'est plus recevable à intenter l'action (1311).

2° Dans le cas où le mineur, devenu majeur, ne ratifie pas, la loi a cru nécessaire d'établir un délai, passé lequel l'action en nullité ou en rescision ne pourrait plus être intentée ; car il est important pour la prospérité d'un pays que la propriété y soit fixe, et que les personnes qui ont traité avec des mineurs ne soient pas pendant un temps trop long, exposées à des réclamations ; en conséquence, l'art. 1304 décide que lorsque le mineur aura laissé passer 10 ans, depuis le jour de sa majorité, sans intenter l'action en nullité ou en rescision qui lui appartenait, il sera déchu du droit de l'exercer. Cette fin de non-recevoir est fondée sur ce que l'inaction prolongée à l'égard d'un acte qu'on avait le droit d'attaquer, équivaut à une ratification ; c'est pour cela, du reste, que ce délai de 10 ans ne commence à courir que du jour où la ratification aurait été possible.

On s'est demandé si l'art. 1304 établissait une véritable prescription, susceptible comme telle, d'interruption et de suspension, ou bien un simple délai préfix qui expire fatalement à la fin de la 10e année.

Cette deuxième opinion a été soutenue par un certain nombre d'auteurs qui enseignent que le délai de 10 ans, fixé par l'art. 1304, est analogue au délai de 5 ans qui est accordé par la loi pour l'exercice du réméré et qu'une fois ces dix années écoulées, on ne pourrait plus intenter l'action ; que du reste, cette incertitude de la propriété prolongée pendant 10 ans était assez préjudiciable à la transmission de la propriété, et que par conséquent le législateur n'avait pas voulu le prolonger en rendant ce délai de 10 ans susceptible d'interruption et de suspension ; on donne aussi dans ce sens un argument de texte. L'art. 2264, nous dit-on, établit que : « les règles « de la prescription sur d'autres objets que ceux men- « tionnés dans le présent titre, sont expliquées dans les « titres qui leur sont propres ; » donc, par cela seul qu'il est parlé d'une prescription dans un endroit quelconque du Code, cette prescription est soustraite aux règles générales de la prescription ; dans notre cas, l'art. 1304 ne parlant ni d'interruption ni de suspension, indique par cela même qu'il n'y a pas lieu de les admettre en matière de prescription de l'action en nullité ou en rescision.

Nous croyons néanmoins devoir adopter l'opinion contraire, tout en avouant que le délai de 10 ans, pendant lequel la propriété est en suspens, suffirait, et qu'il n'est nullement nécessaire de le prolonger; mais ceci est une critique adressée à toutes les prescriptions et non pas seulement à celle qui nous occupe en ce moment, et dès l'instant où la loi a admis que la prescription de 30 ans était susceptible d'interruption et de prescription, nous ne voyons pas pourquoi elle ne l'aurait pas admis

également pour la prescription de 10 ans qui est beaucoup plus courte. Quant à l'art. 2264, nous pensons que,
loin d'avoir le sens que lui donnent nos adversaires, il
signifie simplement que les règles générales dévelop-
pées dans le titre de la prescription, sont applicables
à toutes les hypothèses, toutes les fois qu'une loi
spéciale n'y apporte pas une dérogation formelle ;
l'art, 1304 ne contenant pas de dérogation, la prescription établie par cet article doit être régie par les principes établis au titre de la prescription.

VII

Il ne nous reste plus qu'une seule question à examiner,
c'est celle de savoir si la maxime *quæ temporalia sunt ad
agendum, perpetua sunt ad excipiendum* est applicable aux
actions en nullité et en rescision. Un mineur a fait, par
exemple, un acte qu'il peut faire rescinder pour cause de
lésion ; au bout de dix ans, il ne sera plus recevable à intenter l'action ; mais, même après ce délai, ne pourra-t-il
opposer à l'action que son créancier intenterait contre lui
en raison de cet acte, une exception tirée de la lésion ?

Il est plus sage de résoudre cette question dans le
sens de la négative, car, avons-nous dit, la règle de
l'art. 1304 est fondée sur une présomption de ratification ; si donc, le mineur a laissé passer un délai de dix
ans sans agir, il ne pourra pas plus invoquer la lésion en
défendant qu'en demandant. car, dans les deux cas, il

sera présumé avoir ratifié. La solution contraire était admise en droit romain, car certaines exceptions ne pouvaient être invoquées que lorsqu'on intentait l'action, et le débiteur n'avait pas d'action pour faire annuler son engagement tant que son créancier n'en réclamait pas l'exécution. Mais il n'en est pas de même dans notre droit, et le mineur pourrait très bien assigner son créancier pour faire prononcer la rescision ou la nullité de son engagement. Nous ferons également remarquer que, même en droit romain, la maxime en question n'était pas applicable en matière d'*in integrum restitutio*.

APPENDICE

Capacité du mineur émancipé relativement aux conventions matrimoniales

I

Nous avons à examiner dans cette dernière partie, les règles particulières à la capacité que la loi confère au mineur émancipé relativement au contrat de mariage. Disons tout de suite qu'à cet égard, l'émancipation n'ajoute rien à la capacité du mineur, et que tout ce que nous allons dire est vrai aussi bien pour le mineur non émancipé que pour le mineur émancipé.

La règle est contenue dans l'article 1308 qui nous dit : « Le mineur habile à contracter mariage est habile à consentir toutes les conventions dont ce contrat est susceptible, et les conventions et donations qu'il y a faites sont valables, pourvu qu'il ait été assisté dans le contrat des personnes dont le consentement est nécessaire pour la validité du mariage. » L'art. 1309, dont nous avons déjà parlé, contient également des dispositions relatives à ce sujet, et déclare que le mineur n'est pas restituable contre les conventions matrimoniales lorsqu'elles ont été faites avec l'assistance de ceux dont le consentement est requis pour la validité du mariage.

Ces dispositions établissent, comme il est facile de le voir, plusieurs dérogations aux dispositions qui régissent la capacité des mineurs :

1° Le mineur peut faire, par son contrat de mariage, des donations, acte qui, autrement, lui est complétement interdit.

2° Le mineur qui fait un contrat de mariage est assisté non par un curateur, son conseil habituel, mais par les personnes dont le consentement est requis pour la validité de son mariage (1).

____

(1) Quand il s'agit d'un mineur non émancipé, la dérogà-

Les raisons qui ont déterminé le législateur à édicter ces règles spéciales sont faciles à comprendre; d'une part, la faculté de faire toutes les conventions possibles, même des libéralités, était de nature à faciliter le mariage des mineurs, d'autre part, il était important de conférer à une seule et même personne le droit de consentir au mariage et celui d'assister le mineur dans la rédaction de son contrat de mariage, sans quoi, le curateur, en refusant son assistance, eût pu entraver, sinon empêcher, un mariage auquel les ascendants ou le conseil de famille étaient disposés à consentir.

L'assistance des ascendants ou du conseil de famille, ne consiste pas seulement dans une simple autorisation donnée d'avance ou intervenue après coup; le législateur a voulu dire, le mot *assister* dont il s'est servi le prouve suffisamment, que le mineur ne discute pas seul les clauses et conditions du contrat, mais qu'il doit avoir auprès de lui une personne plus expérimentée et plus au courant des affaires; mais il ne s'ensuit pas que les personnes dont le consentement est requis, doivent se rendre en personne dans le cabinet du notaire, cela serait la plupart du temps impossible, surtout quand c'est le conseil de famille qui doit consentir au mariage; on peut donc se faire représenter par un mandataire.

tion aux principes généraux est plus considérable, car le mineur agit seul au lieu d'être, comme dans les actes ordinaires, représenté par son tuteur.

On admet généralement que la procuration peut n'être que sous seings privé, contrairement à ce qui est décidé pour le consentement au mariage qui doit être donné dans la forme authentique. Il n'est pas nécessaire non plus que la procuration mentionne toutes les conventions que le mandataire a le pouvoir d'autoriser, il faut que le mandat soit suffisamment général pour permettre la discussion des clauses du contrat. Cette assistance au contrat de mariage par l'intermédiaire d'un mandataire aura toujours lieu, ainsi que nous l'avons dit ci-dessus, lorsque le conseil de famille autorisera le mariage. On s'est demandé, à ce sujet, si la délibération, qui délègue un ou plusieurs membres du conseil de famille pour assister le mineur, doit être homologuée par le tribunal, cette question doit être résolue négativement, car le droit d'assister le mineur dans la discussion des clauses de son contrat de mariage, n'est que le corollaire du droit de consentir au mariage, et la délibération, prise dans ce but par le conseil de famille, n'est pas soumise à la nécessité de l'homologation.

II

Le principe posé dans l'article 1398, n'est que la reproduction de cette maxime en vigueur dans notre ancien droit : *habilis ad nuptias, habilis ad pacta nuptialia.* Mais cette maxime était, dans la plupart des coutumes, soumise à plusieurs restrictions que nous allons étudier ;

nous verrons en même temps si elles ont été consacrées par les rédacteurs du Code.

Le mineur qui se mariait avait bien la capacité de régler, avec l'assistance de certaines personnes, les clauses de son contrat de mariage, mais il ne pouvait, sans l'accomplissement des formalités prescrites pour l'aliénation de ses biens, consentir l'ameublissement de ses propres; l'autorisation du juge ne lui était même donnée que lorsqu'il n'avait pas un mobilier suffisant pour faire un apport du tiers de ses biens.

Cette intervention du juge avait l'inconvénient de faire connaître sans nécessité, l'état des affaires du mineur et la nature du contrat de mariage, aussi, l'usage s'établit-il de faire des ameublissements sans recourir à un décret du juge, seulement, si ces ameublissements étaient excessifs, les héritiers du mineur pouvaient se faire restituer, et ces ameublissements excessifs étaient annulés, si au moment du contrat le mineur avait des meubles suffisants, et dans le cas contraire, ils étaient réduits jusqu'à concurrence du tiers de la valeur des biens du mineur (1). La maxime était donc : « *Habilis* » *ad nuptias, habilis videtur ad pacta omnia et renun-* » *ciationes quae apponi in talibus solent.* » Potier atteste que de son temps il en était ainsi, et que l'ameublisse-

(1) Bacquet, *des droits de justice*, chap. 21, n° 200. Lebrun, *Communauté*, liv. 1, chap. V, distinct., II, n°ˢ 1 à 5.

notamment n'était permis qu'au mineur qui n'avait pas assez de meubles pour faire un apport du tiers de ses biens, il en donne pour raison qu'il est de l'intérêt public de faciliter le mariage des mineurs, et que pour arriver à ce résultat, il faut leur permettre de faire dans leur contrat de mariage les conventions qui sont habituelles (1).

Notons que dans l'ancien droit, le défaut de réalisation était traité comme les ameublissements, lorsque le mobilier du mineur avait par rapport au reste de ses biens une valeur considérable (2).

III

Ces restrictions n'existent plus aujourd'hui, et l'art. 1398 est trop précis pour que nous n'admettions pas que les mineurs peuvent faire dans leur contrat de mariage toutes les conventions et même toutes les libéralités que peuvent faire les majeurs. Les donations, du reste, sont formellement permises par l'art. 1095, et les ameublissements sont implicitement compris dans les termes de l'art. 1398.

On s'était cependant demandé si la femme mineure qui adopte dans son contrat le régime dotal, pouvait dans ce même contrat consentir à l'aliénation de ses immeubles

(1) Pothier, *Communauté*, n° 306.
(2) Lebrun, *Communauté*, chap. V, distinct. III, n° 13, 14, 15.

dotaux ; la question ne nous paraît pas douteuse ; la femme avait le droit d'adopter un régime autre que le régime dotal, elle pouvait même donner tous ses biens à son mari ; rien ne l'empêche de consentir à l'aliénation de ses biens dotaux ; du reste, nous le répétons, l'art. 1398 autorise les mineurs à faire toutes conventions ; il faut un texte formel pour apporter une dérogation à ce principe. Notons toutefois que dans le cas où la femme mineure mariée sous le régime dotal, aurait, par son contrat, autorisé l'aliénation de ses immeubles dotaux, le mari ne pourrait jamais user de cette faculté que lorsque sa femme serait devenue majeure ; jusqu'à ce moment il serait contraint d'employer pour la vente des biens dotaux, les formalités prescrites pour la vente des biens de mineurs.

Nous trouvons cependant une convention que la femme mineure ne peut consentir dans son contrat de mariage, c'est la réduction de son hypothèque légale ; en effet, l'art. 2140 qui donne le droit de consentir cette réduction dans le contrat de mariage, s'exprime ainsi : « Lorsque, dans le contrat de mariage, *les parties ma-* » *jeures* seront convenues qu'il ne sera pris d'inscrip » tions que sur un ou certains immeubles du mari, etc... » Ces mots : *Les parties majeures*, ont été écrits par le législateur pour qu'il fût bien entendu que les femmes majeures avaient seules ce droit ; le texte de l'art. 2140 est donc suffisamment formel, pour que nous admettions cette dérogation au principe de l'art. 1398. Cette décision quoique rigoureuse à première vue est au fond sans grande importance, car le mari qui voudra dégréver un ou plusieurs de ses immeubles pourra le faire après le mariage, en vertu de l'art. 2144.

IV

Etudions maintenant le sort du contrat de mariage fait par un mineur sans l'accomplissement des conditions imposées par la loi. Nous avons sur ce point à distinguer deux hypothèses : 1° Le contrat de mariage a été fait par un mineur *habilis ad nuptias*, mais sans l'assistance des personnes dont le consentement était requis pour la validité du mariage ; 2° le contrat de mariage a été fait avec l'assistance des personnes désignées par la loi, mais par un mineur qui n'avait pas atteint l'âge requis pour la validité du mariage, et qui n'avait pas obtenu de dispenses.

1° Lorsque le contrat a été fait sans l'assistance des personnes désignées par la loi, le contrat est nul, ce point est hors de doute, la controverse ne commence que sur le point de savoir quel est le caractère de cette nullité.

La jurisprudence méconnaissant le principe de l'article 1125 qui doit suivant nous s'appliquer toutes les fois qu'il s'agit d'un acte fait par un incapable, a décidé à deux reprises (1), que le contrat de mariage fait dans ces condition était radicalement nul, et que par suite il n'était pas susceptible de ratification.

On apporte à l'appui de cette décision les arguments suivants : l'art. 1125 pose bien le principe que les incapables ont seuls le droit de se prévaloir des conséquences de leur incapacité, mais il y a à propos des conventions matrimoniales un autre principe qui est posé par l'art. 1395, c'est que les conventions matrimoniales ne doivent point être modifiées, pendant le mariage, et si le contrat n'était frappé que d'une nullité relative, ce principe serait violé, car il serait alors susceptible de ratification, et la ratification intervenant, il y aurait eu successivement pendant le mariage, deux régimes différents.

La cour de cassation repousse la doctrine, la nullité relative, même avec le correctif proposé par certains auteurs qui enseignent que le conjoint ne pourra jamais, au cours du mariage, être contraint d'opter, entre la nullité ou la validité, car cette doctrine à l'inconvénient de prolonger pendant un temps trop long, l'incertitude qui règne sur la nature des conventions matrimoniales. Avec la doctrine de la nullité absolue pas de difficulté, les époux se sont mariés sans contrat, donc ils sont mariés sous le régime de communauté légale (2).

(1) Cass., 5 mars 55, Dalloz, 55, I, 101, et 20 juillet 50, D. 50, I, 270.

(2) Les auteurs ne sont pas d'accord sur le régime matri-

Nous pensons toutefois, que la question doit être résolue dans le sens de la nullité relative. S'il s'agissait de faire la loi et non de l'interpréter, on pourrait frapper le contrat de mariage d'une nullité absolue, mais, nous ne pouvons pas admettre une semblable dérogation au principe de l'art. 1125, en l'absence d'un texte formel, et l'art. 1395 ne nous paraît pas de nature à justifier la doctrine de la nullité absolue. Notre opinion peut même dans une certaine mesure, se concilier avec le principe de l'immutabilité des conventions matrimoniales. Le législateur en posant le principe de l'immutabilité des conventions matrimoniales a voulu, qu'il ne puisse pas y avoir pendant le mariage succession de deux régimes matrimoniaux, ce principe se trouve sauvegardé lorsqu'à la dissolution du mariage il n'y aura eu qu'un seul régime matrimonial ; c'est ce qui a fait admettre, à certains auteurs que l'on pouvait soumettre l'adoption de tel ou tel régime à une condition, car, soit que la condition défaille, soit qu'elle s'accomplisse, il n'y aura jamais eu qu'un seul régime matrimonial ; dans le cas qui nous occupe, nous n'aurons également qu'un seul régime, dont l'existence dépend de l'arrivée d'une condition, la ratification du contrat annulable, par l'époux qui avait le droit de demander la nullité du

monial qui doit remplacer celui que les époux avaient stipulé dans leur contrat frappé de nullité, nous tâcherons de démontrer que ce régime doit être la communauté légale.

contrat de mariage. En effet, si la ratification intervient, le régime aura toujours été celui que les parties avaient adopté dans le contrat, si au contraire la
nullité est demandée, les époux auront toujours été mariés sous le régime de communauté légale.

Nous pouvons encore apporter un dernier argument
à l'appui de cette doctrine ; les conventions matrimoniales sont, comme on le sait, subordonnées à la validité
du mariage ; si donc le mariage est entaché d'une nullité
relative aux termes des art. 180 et 188 du Code civil,
l'existence du contrat de mariage, de même que l'existence du mariage lui-même, dépendra de la volonté de
l'un des conjoints ; par conséquent, si la loi n'a pas vu
d'inconvénient à ce que le contrat de mariage soit incer-
tain dans sa validité, par suite d'un vice inhérent au
mariage, il n'y a pas de raison pour ne pas admettre
que le contrat de mariage, qui a été fait dans les conditions que nous avons indiquées ci-dessus, soit simplement
entaché d'une nullité relative aux termes de l'art. 1125.

2° Cas où le contrat de mariage a été fait avec l'assistance des personnes désignées par la loi, mais par un
mineur qui n'avait pas atteint l'âge requis pour la validité du mariage, et qui n'avait pas obtenu de dispenses.

Le contrat est certainement nul, mais, ici aussi, nous
avons à examiner qu'elle sera la nature de cette nullité,
et, par suite, si le contrat sera ou non susceptible de
ratification.

M. Duranton (1) décide que l'acte est nul et restera nul, quoi qu'il arrive. MM. Rodière et Pont, dans la deuxième édition de leur *Traité du contrat de mariage*, se rallient à cette opinion, en se fondant sur ce que l'art. 1398 permet aux mineurs, capables de contracter mariage, de discuter leurs conventions matrimoniales, mais que cet article ne peut aucunement s'appliquer aux personnes qui n'ont pas l'âge légal.

Nous adoptons l'opinion contraire et nous croyons que, même dans cette espèce, le contrat de mariage serait non pas nul, mais annulable, et que la célébration du mariage, intervenue à une époque où les parties auraient atteint l'âge compétent, devrait être considérée comme l'exécution volontaire qui, aux termes de l'art. 1338, ratifie l'acte nul.

En effet, de ce que l'art. 1398 ne s'applique pas aux personnes qui n'ont pas atteint l'âge requis pour la validité du mariage, on ne peut conclure qu'une seule chose, c'est que le contrat de mariage fait par ces personnes est nul ; et, comme cette nullité tient à l'incapacité des parties, nous pouvons décider, comme dans la première espèce, que cette nullité n'est que relative. La célébration du mariage intervenant ensuite à une époque où la personne incapable, lors de la rédaction du contrat, est devenue capable, nous paraît être une exécution

(1) Duranton, t. XIV, n° 11. Rodière et Pont, t. I, sect. X.

volontaire qui réunit toutes les conditions exigées par l'art. 1338. Cette opinion, qui était adoptée par MM. Rodière et Pont, dans leur première édition, est soutenue par M. Marcadé (1).

La question serait plus délicate, si la célébration du mariage avait eu lieu elle-même avant l'âge légal; dans ce cas, MM. Rodière et Pont ont toujours soutenu, avec M. Duranton, que le contrat demeurait nul : alors, en effet, la célébration du mariage ne réunit pas les conditions voulues par l'art. 1338, puisque cette exécution volontaire est intervenue à une époque où la ratification ne pouvait pas être faite (2).

V

Une fois le contrat annulé, sous quel régime seront mariés les époux?

Un certain nombre d'auteurs s'accordent pour décider que ce ne sera pas le régime de la communauté légale, car les mineurs, n'ayant pas eu la capacité de faire un contrat de mariage, n'avaient pas non plus celle d'adopter le régime de la communauté légale, qui emporte aliénation partielle des meubles. Cette opinion se fonde sur cette idée enseignée par Pothier (3) que la commu-

---

(1) Marcadé, t. V, p. 240.
(2) Rodière et Pont, *Contrat de mariage*, 2e édit., t. 1, n° 181.
(3) Pothier, *Communauté*, art. prélimin. n°s 10 et suiv.

nauté légale n'est qu'une communauté conventionnelle tacite, idée qui, suivant les auteurs dont nous parlons, n'a point été abandonnée par les rédacteurs du Code, puisqu'ils traitent certains avantages résultant de l'adoption du régime de communauté légale comme de véritables libéralités (1).

Le désaccord reparaît, du reste, lorsqu'il s'agit de déterminer le régime qui devra l'emporter; les uns, partant de ce principe que le droit commun est la dotalité générale des biens de la femme, se prononcent pour le régime sans communauté, dans lequel tous les biens de la femme sont dotaux. Les autres, au contraire, prétendent que ce régime est inacceptable, au moins lorsque c'est la femme qui est mineure, parce que l'adoption du régime sans communauté entraîne l'aliénation de la jouissance de tous les biens de la femme; le régime de séparation de biens est donc le seul qui réunisse toutes les conditions désirables.

Nous pensons au contraire, comme nous l'avons déjà dit ci-dessus, que le régime sous lequel seront mariés les époux sera le régime de communauté. En effet, une fois le contrat annulé, les époux sont mariés sans contrat, et le régime de communauté est celui qui est imposé par la loi à ceux qui n'ont pas fait de contrat de mariage. Il n'est pas juste de dire que la communauté

(1) Art. 1400.

légale est une communauté conventionnelle tacite, c'est plutôt une conséquence attachée par la loi au fait que les époux sont mariés sans contrat, et si la loi a jugé à propos de considérer dans un cas particulier les avantages résultant de l'adoption du régime de communauté comme de véritables libéralités, c'est que, dans les autres cas, elle ne considérait pas ce régime sous le même aspect.

POSITIONS

—

DROIT ROMAIN

I. — Les mineurs de 25 ans ne recevaient de curateur général que sur leur demande.

II. — A l'origine, la nomination d'un curateur général n'enlevait pas au mineur la capacité de s'obliger seul; une constitution de Dioclétien et Maximien lui retira cette faculté.

III. — Le mineur fils de famille pouvait obtenir l'*in integrum restitutio* même contre un *mutuum* contracté par l'ordre de son père.

IV. — L'*in integrum restitutio* accordée au mineur ne profitait aux fidéjusseurs que lorsque ceux-ci n'avaient pas eu en vue en s'obligeant, de garantir le créancier contre les chances de restitution.

V. — L'explication donnée par Cujas de la loi 48 § 1 D. (*de fidej. et mand.*) doit être admise.

VI. — L'*in integrum restitutio*, qui en principe n'était donnée qu'*in personam*, pouvait cependant par exception être donnée *in rem*.

VII. — Le mineur de 25 ans qui s'est donné en adrogation, peut se faire restituer contre cette adrogation.

VIII.—Le mineur de 25 ans pouvait obtenir l'*in integrum restitutio* contre la vente de ses biens faite en vertu d'un décret du magistrat.

IX. — Le mineur pouvait obtenir le bénéfice de la restitution, même quand il était muni d'une action civile.

X. — La restitution laissait subsister à la charge du mineur une obligation naturelle.

XI. — La *judicialis sententia* créée par Justinien, ne supprimait pas toutes les chances de restitution.

DROIT FRANÇAIS

I. — Le mineur émancipé peut transiger et compromettre seul, sur les contestations relatives à l'administration de ses biens.

II. — Le mineur émancipé peut intenter seul une action ayant pour objet un capital mobilier.

III. — Le mineur émancipé ne peut pas consentir seul une hypothèque pour sûreté des obligations contractées dans les bornes de sa capacité.

IV. — Le mineur émancipé peut, avec la seule assistance de son curateur, consentir la vente ou la cession de ses meubles incorporels.

V. — La donation faite à un mineur émancipé, et acceptée conformément aux prescriptions de la loi, aura le même effet qu'à l'égard d'un majeur.

VI. — Le mineur émancipé peut avec la seule assistance de son curateur intenter une action en partage et y défendre.

VII. — Le mineur émancipé ne peut intenter les actions concernant son état, qu'avec l'assistance de son curateur, cette assistance est d'ailleurs suffisante.

VIII. — Le mineur émancipé ne peut contracter d'emprunt qu'en se conformant à toutes les formalités prescrites pour le mineur non émancipé, bien que l'art. 483, ne reproduise pas exactement les termes de l'art. 457.

IX. — Lorsqu'un mineur use de la faculté que lui donne l'art. 402, de revenir sur sa renonciation à une succession, il doit respecter tous les droits acquis à des tiers pendant la vacance, même ceux acquis par prescription.

X. — Dans les cas où la loi exige que le mineur émancipé, soit muni de l'autorisation du conseil de famille et de l'homologation du tribunal, le mineur n'en doit pas moins être assisté de son curateur.

XI. — Les actes faits par un mineur émancipé autorisé à faire le commerce, doivent, être jusqu'à preuve du contraire, présumés faits pour les besoins du commerce.

XII. — Le mineur autorisé à faire le commerce ne peut pas, sans une autorisation spéciale, contracter une société avec un tiers.

XIII. — L'autorisation de faire le commerce ne peut pas être retirée isolément.

XIV. — Les actes faits par le mineur émancipé seul, alors que la loi exige l'assistance du curateur, ne sont pas nuls en la forme, mais sujet à rescision pour cause de lésion.

XV. — L'acceptation d'un donation faite par le mineur émancipé seul, n'entraine pas la nullité radicale de la donation, il n'y a qu'une nullité relative, que le mineur seul peut invoquer.

XVI. — Le partage fait par le mineur émancipé seul, n'est provisionnel qu'à son égard ; en conséquence, il a seul le droit de provoquer un partage définitif.

XVII. — Le délai de dix ans institué par l'art. 1304, après lequel on n'est plus recevable à intenter l'action en rescision ou en nullité, est une véritable prescription.

XVIII. — Le contrat de mariage fait par un mineur *habilis ad nuptias*, sans l'assistance des personnes dont le consentement est requis pour la validité du mariage, n'est entaché que d'une nullité relative, il est par conséquent susceptible de ratification.

XIX. — Il en est de même si le contrat de mariage a été fait par un mineur qui n'avait pas l'âge requis, pour la validité du mariage, pourvu toutefois que la célébration du mariage ait eu lieu après que l'incapable a atteint l'âge légal, ou après l'obtention des dispenses.

XX. — Lorsque le contrat de mariage aura été annulé, les biens des époux seront régis par la communauté légale.

DROIT CRIMINEL.

I. — La déclaration du jury que l'accusé n'est pas coupable ne fait pas autorité de chose jugée sur l'action civile en dommages et intérêts.

II. — Le droit de réhabilitation en matière correctionnelle existe pour le condamné dans tous les cas, et alors même qu'aucune déchéance ou interdiction ne seraient la conséquence du jugement.

DROIT ADMINISTRATIF.

I. — La transcription prescrite par la loi du 23 mars 1855 est nécessaire en matière d'expropriation pour cause d'utilité publique.

II. — L'administration de l'enregistrement ne peut soumettre les assurances sur la vie en cas de décès ni au droit de mutation par décès, ni au droit proportionnel de donation; elle ne peut percevoir que le droit de 1 p. 0/0 sur la police de l'assurance.

DROIT DES GENS.

I. — L'extradition n'est pas obligatoire en l'absence de conventions spéciales.

II. — Une puissance belligérante a le droit de visiter les navires naviguant sous le convoi d'une puissance neutre.

Vu par le Président de la Thèse,
C. BUFNOIR.

Vu par le Doyen,
G. COLMET DAAGE.

Permis d'imprimer :
Le Vice-Recteur,
A. MOURIER.

216-74. — Boulogne (Seine). — Imprimerie JULES BOYER et Cie.
Administration 11 rue Neuve-Saint-Augustin 11. — Paris.

www.ingramcontent.com/pod-product-compliance
Ingram Content Group UK Ltd.
Pitfield, Milton Keynes, MK11 3LW, UK
UKHW021051150726
13693UKWH00007B/295